Evelyn Freitag

FRACHTSCHIFFREISE

Das größte Abenteuer meines Lebens

Evelyn Freitag

FRACHTSCHIFFREISE

Das größte Abenteuer meines Lebens

Die Namen der Personen in diesem Bericht wurden frei erfunden; eventuelle Ähnlichkeiten mit lebenden oder bereits verstorbenen Personen wären rein zufällig.

Für die abgedruckten Fotos liegen Genehmigungen zur Veröffentlichung vor oder sie stammen aus dem persönlichen Besitz der Autorin.

Bibliografische Information Der Deutschen Bibliothek:
Die Deutsche Bibliothek verzeichnet diese Publikation in der Deutschen Nationalbibliografie; detaillierte bibliografische Daten sind im Internet über http://dnb.ddb.de abrufbar.

ISBN 3-8311-4648-9

www.frachtschiffreisebuch.de

Herstellung: Books on Demand GmbH, Norderstedt
Printed in Germany

Inhaltsverzeichnis

Prolog

Platsch. Mit einem hohen Spritzer versinkt der letzte armdicke Festmachertampen gurgelnd im kalten Hafenwasser. Es ist dunkel, regnet in Strömen, der Wind bläst schon ziemlich Furcht erregend und dann gibt es sogar noch Blitz und Donner am Himmel. Welch eine Verabschiedung aus Hamburg! Im selben Moment, in dem der Tampen ins Wasser fällt, legt das Schiff ab und nimmt Fahrt auf. Ein Hafenlotse ist an Bord, ein Schlepper hängt hinten dran, um notfalls beim Manövrieren zu helfen, denn wenn sich ein 23.000-BRT-Frachter auf den Weg begibt, dann gibt es so schnell kein Halten mehr.

Nun sind wir also wieder einmal mitten auf der Elbe. Wie oft schon haben wir diesen Ausblick von der Wasserseite aus auf unsere Geburtsstadt genossen! Aber noch nie war es so aufwühlend wie heute. Unser Schiff, die RICKMERS HOUSTON, soll nun vier Monate lang unser Zuhause sein. Obwohl ich auf dem Schiff stehe und alles tatsächlich und wahrhaftig passiert, kommt es mir immer noch wie ein Traum vor. Für mich beginnt das größte Abenteuer meines Lebens und Erhard, meine beste Hälfte, nennt es eine Herausforderung für uns beide.

Das Leben ist Abenteuer, Risiko, ist gefährlich, lebens-gefährlich.

Trau dich - wenn du es nicht riskierst, gehst du drauf: vor Traurigkeit, vor Verzweiflung, weil nichts geschieht. Das Risiko, in einem Abenteuer umzukommen, ist gering, weil der, der dich geschaffen hat, auch weiß, was er dir zumuten kann. Er wird dich nicht in Situationen hineinrennen lassen, die dir wirklich gefährlich werden.

Begib dich in das Abenteuer deines Lebens.

Auszug „Sag Ja zu Deinem Leben"
von Erhard F. Freitag und Gudrun Freitag

(Mit der Autorin nicht verwandt)

Seeluft-Schnuppern einmal ganz anders !

Keine Lust auf Kreuzfahrt? Flugangst? Jugendträume? Abenteuerlust?

Die 70 Frachtschiffe der Rickmers Reederei in Hamburg – vom modernen Containerschiff bis zu den speziell für den Pearl String Round-the-World-Service der Schwesterfirma Rickmers-Linie neu gebauten Schwergut/Multi-Purpose-Schiffen – fahren auf allen Weltmeeren, unter anderem regelmäßig in beiden Richtungen

Rund um die Welt

Sie können mitfahren ! In komfortablen Eignerkabinen wohnen, richtige Seefahrt erleben, auf der Kommandobrücke stehen, die Häfen der Welt kennenlernen und sich weit weg vom Alltag entspannen und erholen.

Für Informationen, Beratung und Buchungen wenden Sie sich bitte an die einschlägigen Fach-Reisebüros oder an

MCC Marine Consulting & Contracting GmbH
Neumühlen 19 D- 22763 Hamburg
Tel: (040) 389177-753 Fax: (040) 389177-754
EMail : passage@mcc-marine.de

Hamburg bis Antwerpen

An einem langen Winterabend, als der Sturm um die Häuserecken heult und an den kahlen Bäumen zerrt, da schweifen die Gedanken zu fremden Ländern und in wärmere Regionen. Eine Frachtschiffreise, die durch den Panamakanal führt, ist schon lange der stille Wunsch meines Mannes. Vor Jahren hat er mehrere Wochen auf großen Schiffen zugebracht, und seitdem hat die Erinnerung ihn nicht mehr losgelassen. Durch das Fahrtensegeln bleibt seine Liebe zum Wasser und zur See erhalten. Nun sitzen wir am Computer, finden ein Frachtschifftouristik-Unternehmen und drucken uns aus lauter Übermut gleich unzählige Seiten mit interessanten Angeboten aus. Ist Träumen nicht wundervoll?

Zusammen blättern wir Seiten durch und zeigen uns gegenseitig die Reiseziele. „Oh, sieh mal, Australien, wäre das nicht toll?“ „Ja, Sydney und die Oper ...“ „Oder hier, Hongkong? Mein Gott, was für Häuser!“ „Was sagst du zu Neuseeland?“ „Ziemlich weit weg.“ „Oder wollen wir eine Weltreise machen?“ „Nein, viel zu lang!“ Ach, es machte Spaß, all die fremden und doch ein bisschen vertrauten Namen der Häfen zu lesen. „Papeete, Tahiti“, allein der Klang des Namens ist ein Ohrenschmaus. Das Herumstöbern in den Angeboten ist für mich ein spannender, unterhaltsamer Zeitvertreib, denn die Verwirklichung dieser Träumereien liegt weit außerhalb meiner Vorstellungskraft.

Nach Tagen greift mein Mann das Thema wieder auf und stellt erstaunt fest, dass meine Begeisterung gewichen ist. Mich hat inzwischen das Alltagsleben wieder gefangen genommen. Aber er meint es ernst! Er will eine Weltreise mit mir machen! **„Was?!?“** Ich falle aufgeschreckt aus allen Wolken und springe drei Tage lang voller Freude bis zur Decke, überschütte meinen Mann mit Küssen und kann mein Glück nicht fassen. Ich denke, ich träume.

Meine Güte, was gäbe es dabei alles zu bedenken, was müsste man organisieren? Ob sich die Idee überhaupt realisieren lässt?

Sie lässt sich realisieren! Am Tag der Einschiffung sind wir früh aufgestanden, um rechtzeitig in Hamburg zu sein. Von der Köhlbrandbrücke aus überblicken wir den ganzen Hafen und sehen zum ersten Mal unser Schiff. Die weit in den Himmel ragenden zwei riesigen, dicken Ladebäume, von denen jeder 225 Tonnen heben kann, sind sehr charakteristisch und kaum zu übersehen. Außerdem gibt es noch acht weitere Kräne, die alle auf dem Deck des Schiffes stehen und uns gelb leuchtend entgegenstrahlen. Mein Herz beginnt schneller zu schlagen.

Unser Frachtschiff liegt im Travehafen. Es herrscht reges Treiben auf den Kais. Gabelstapler jeder Größe flitzen umher, vorwärts, rückwärts, alles in der gleichen Highspeed-Geschwindigkeit. Fahrzeuge, die lange Hänger hinter sich herziehen, auf denen riesige Kisten oder Tanks lagern, donnern mit ohrenbetäubendem Lärm und noch größerem Tempo an uns vorbei. Von einem Augenblick zum anderen drehen sie das Führerhäuschen um und schieben ihren Anhänger vor sich her, nun direkt auf uns zu! Und dort stehen Riesenstapler für die großen Container, die fünf Etagen hoch übereinander getürmt auf eine Verladung warten. Da oben holen diese hünenhaften Fahrzeuge ihre Last ab und befördern sie mit der größtmöglichen Geschwindigkeit zu den Schiffen. Alles, was eben noch einen festen Standort zu haben schien, verändert sich in Windeseile, und es hätte zu unserer Sicherheit beigetragen, wenn wir mit Rundumaugen ausgestattet gewesen wären. Wir fahren das Gelände ab, bis wir unsere RICKMERS HOUSTON finden.

In der Nähe der Gangway laden wir unser Gepäck aus. Die Gangway ist eine Aluminiumtreppe, an deren beiden Seiten ein Geländer mit einem Sicherheitsnetz befestigt ist. Je nachdem, wie weit das Schiff aus dem Wasser hervorschaut und je nach Wasserstand verändert sich das Gefälle. Wir schwanken diese wackelige Stiege mit unseren ersten Gepäckstücken hinauf, beim Transport der nächsten hilft uns bereits unser freundlicher Steward.

Danach bringen wir unser Auto in Sicherheit, bevor die Stauer auf die Idee kommen, es im Bauch unseres Schiffes zu versenken. Ein asphaltierter Fußweg führt uns zurück zum Schiff, direkt am Wasser entlang, und das Gelände versprüht den wahren Charme eines Hafens: Das Gras wächst zu beiden Seiten in den Weg hinein, in den tiefer gelegenen Mulden steht Wasser, teilweise gemischt mit Öl, und schimmert in den schönsten Regenbogenfarben. Moos beginnt das Terrain zu erobern. Alte Schrauben, zertretene Blechbüchsen, zerrissene Plastikteile, aufgequollene Kakaobohnen, um die sich die Möwen streiten, hier gibt es wahre Schätze zu entdecken! Mehrere Schuten schaukeln vertäut an einem Anlegesteg und wir erreichen eine Brücke, die jedes Mal bedenklich unter uns wankt, wenn ein großer Lastwagen sie passiert. Hier sind Fußgänger nun wirklich nicht vorgesehen! Leitplanken links und rechts der Fahrbahn, dann direkt das Brückengeländer. So sieht die Zweckmäßigkeit eines Hafengeländes aus.

Da stehen wir also, lassen den tosenden Schwerlastverkehr hinter uns vorbeidröhnen und schauen ins ruhig dümpelnde Wasser der Elbe. Monat um Monat hat unsere Vorfreude gedauert und nun stehen wir endlich kurz vor der Abfahrt! Wie oft schon haben wir ein ungefähres Abreisedatum genannt bekommen! Wie oft schon hat dieser Termin sich verzögert! Immer wieder wurden wir gefragt: „Wann geht denn eure Reise los?“ Häufig konnten wir nur hilflos die Schultern zucken und vage antworten. Wie oft mussten wir dann in fragende, ja manchmal sogar zweifelnde Augenpaare sehen und versuchen zu erklären, dass eine Frachtschiffreise nicht mit einer Kreuzfahrt zu vergleichen ist, bei der es genaue Termine gibt. „Was ist denn das für eine Reederei?“ Manchmal meinte ich deutlich die Erleichterung der Fragenden zu spüren, dass sie selber an solch einer Reise nicht teilzunehmen bräuchten. Hin und wieder musste ich insgeheim schmunzeln, aber gelegentlich war ich dem Verzweifeln nahe, denn auch ich wollte nur zu gern einen einigermaßen verlässlichen Termin haben! Dann taucht auch noch plötzlich ein ganz neuer Hafenname im Fahrplan des so sehr herbeigesehnten Schiffes auf. Zum Beispiel Stettin! Während der letzten vier Weltumrundungen habe ich die Route im Internet verfolgt. Nie war die RICKMERS HOUSTON nach Stettin gefahren! Aber ausgerechnet jetzt muss sie dort noch vorbei, und so verzögert sich unsere Abreise zum ich-weiß-nicht-wie-vielten-Male.

Als kurz nach unserer Buchung das Schwesterschiff der RICKMERS HOUSTON für Hamburg avisiert ist, will ich es mir unbedingt mit eigenen Augen ansehen. Angaben von BRT, Länge, Breite und Höhe sind für mich nur Zahlen, die ich ohnehin schlecht behalten und mir noch schlechter vorstellen kann. So etwas muss ich sehen, mit eigenen Augen, sonst bleiben solche Aussagen für mich reine Phantasiegebilde.

Der Reisevermittler hat für uns einen Besuch auf dem Schiff im Hafen arrangiert. Es ist mir etwas schwer gefallen, ihm diesen Wunsch vorzutragen, denn schließlich kommt man bei der Buchung einer Flugreise auch nicht auf die Idee nach der Besichtigung des Flugzeuges zu fragen. Aber mit großer Freundlichkeit und Verständnis für meinen Wunsch begleitete der Mann uns sogar selber dorthin.

Schon früh sind wir im Hafen, genießen den Zauber des in uns Fernweh auslösenden Ortes, beobachten Lade- und Löschvorgänge, staunen über gigantische Fahrzeuge, riechen das Wasser, das Öl, die Farben. Und jetzt dürfen wir sogar das Schiff betreten! Ein Schiff, das genauso aussieht, wie das Schiff, das uns bald schon über die Weltmeere tragen soll! Einfach großartig!

Das Schwesterschiff liegt im Werfthafen von Blohm & Voss. Versehen mit Schutzhelmen betreten wir das Werksgelände und endlich dürfen die Augen das lang gedachte Bild wahrnehmen: RICKMERS TIANJIN, in großen schwarzen Buchstaben steht es auf dem grauen Bug. Ein Glücksgefühl überfällt mich. Es gibt einige rostige Stellen am Schiff, mit einem Kreuzfahrtschiff ist es nicht zu vergleichen, aber sein Charme tut mir gut. Reges Treiben an Deck: Es muss ein Teil des Ladegeschirrs erneuert werden. Befestigungen für die Kräne werden angebracht, überall wird geschweißt, geklopft, gehämmert. Die Aufbauten mit der Brücke sehen vom Kai aus erstaunlich hoch aus, wie ein mittleres Hochhaus. Für mich ist das alles überwältigend. Wir steigen zum Schiff hinauf. Das erste Betreten der „Planken" ist für mich unglaublich beeindruckend. Ein netter Filipino lässt uns nach kurzer Vorstellung passieren.

Decksaufbauten der RICKMERS HOUSTON

Nun heißt es Treppen steigen. Im Inneren des Schiffes gehen wir sechs Stockwerke hoch, bis wir die Brücke erreichen, wo uns der polnische Kapitän stolz herumführt. Das ist etwas für Männer:

technische Geräte, so weit das Auge schauen kann, Tafeln, Schablonen, Anzeigen, Knöpfe, Hebel und ein winziges Steuerrad. Winzig jedenfalls im Gegensatz zu Segelschiffen, die manchmal mit mannshohen Steuerrädern auf sich aufmerksam machen.

Wir dürfen die Kabinen besichtigen, die Messe, die hier Restaurant heißt, den Fitnessraum, über dessen Tür ein Schild mit der Beschriftung „Gymnasium" prangt, die Bar und die Bibliothek. Alle Eindrücke sauge ich in mich hinein, mit unbändiger Freude nehme ich alles auf. Wenn es nach mir ginge, könnten wir sofort losfahren.

Ich gebe zu, zu Hause hätte ich anderen Wandschmuck ausgewählt, in der Bibliothek würde etwas mehr Ordnung herrschen und den Fitnessraum würde ich gelegentlich auch einmal überholen. Aber, es soll ja nicht aussehen wie zu Hause, denn dann könnte ich gleich dort bleiben! Ich freue mich unglaublich auf die Reise und kann die Zeit bis zur Abfahrt kaum abwarten. Aber viele Tage werden noch vergehen, bis endlich die RICKMERS HOUSTON, unser Traumschiff, in Hamburg mit uns an Bord ablegen wird.

An all dieses denke ich, während wir auf der schwankenden Brücke stehen und in das schwabbelnde Hamburger Hafenwasser schauen. Aber als unsere Freunde kommen, um uns auf dem Schiff zu verabschieden, zeigen wir ihnen alles voller Stolz. Immer bis zur Brückennock hinauf, das ist der Freiluftplatz neben der Kommandobrücke, und zum Peildeck, das sich noch ein Stockwerk über der Brücke befindet und wohin die Geräusche des Ladebetriebes heraufdringen. Außerdem gibt es draußen an Deck den Pool, die Sauna und eine riesige Ersatzschraube zu sehen.

Auf dem Achterdeck

Natürlich laden wir unsere Freunde auch in unsere Kabine ein, die aus zwei Räumen besteht. Im ersten, dem Wohnzimmer, blicken wir durch zwei bodentiefe seitliche Fenster hinaus und können es uns auf einem viersitzigen Sofa und zwei Sesseln bequem machen, verfügen über einen Tisch mit Fernseher und Video. Ein Schreibtisch und ein Kühlschrank runden den Luxus ab. Der die ganze Wandbreite einnehmende Hängeschrank über Schreibtisch und Kühlschrank verbirgt hinter seinen Türen Gläser, Kaffeemaschine und einen Wasserkocher.

Der zweite Raum ist unser Schlafzimmer mit zwei breiten Betten, zwei Fenstern und zwei spindähnlichen Schränken, in denen je ein Überlebensanzug und eine Rettungsweste hängen. Integriert in den Raum ist die Dusche und gegengleich auf der anderen Seite die so genannte Wäschekammer mit einem riesigen eingebauten Schrank und genügend Stauraum für Koffer und Taschen. Ja ja, es fehlt hier an nichts!

An Bord geht derweil die Arbeit weiter. Die quirlige Atmosphäre überträgt sich auf uns und unsere Besucher. Es macht Spaß, beim Verladen der vielen Frachtstücke zuzusehen. Als wir den Supercargo, das ist der Mann, der für das richtige Verstauen der Ladung zuständig ist, fragen, wie viele Container denn an Bord seien, bekommen wir zu hören: „Ach, ich glaube, sechs oder sieben.“ Von Containern will er nicht viel wissen. „Deren Verschiffung können die Computer übernehmen“, ist seine mit hängenden Mundwinkeln etwas geringschätzig vorgetragene Meinung. Aber sein Job, all die vielen verschiedenartigen Ladungsstücke am richtigen Platz fachmännisch zu verstauen und zu verlaschen, der macht ihm offensichtlich großen Spaß.

Ladebetrieb in Hamburg

Wir sehen vier riesige Kranteile, die auf einer Plattform von einem Schlepper von der Wasserseite her an das Schiff bugsiert und von dort aus mit dem bordeigenen Geschirr übernommen werden. Dann taucht auf der Landseite ein kolossaler Stahlbehälter auf einem Eisenbahnanhänger auf. Voluminöse Kisten werden herangefahren, um Augenblicke später im Rumpf des Schiffes zu verschwinden. Stahlplatten und -rohre werden über die Reling gehüsert. Selbst im untersten Ladedeck, weit unterhalb der Wasserlinie, fahren die Gabelstapler eilig hin und her. Unsere Freunde und wir schauen interessiert zu. Aber das Wetter ist so unfreundlich, dass wir bald wieder zu unserer Kabine zurückkehren.

Alle Sitzgelegenheiten, inklusive Fenstersims und Tisch sind inzwischen von unseren Freunden besetzt und eine ausgelassene Stimmung macht sich breit. Mary, die mitreisende Amerikanerin, erzählt uns später lachend: „Ich dachte, halb Hamburg wäre auf dem Schiff!“ Unsere Verabschiedung ist herzlich, Sekt gibt es aus Plastikbechern – weil wir die Gläser noch nicht gefunden haben – und der gegenüber wohnende philippinische Chefkoch hört wohl zum ersten Mal in seinem Leben plattdeutsche Hamburger Seemannslieder. Alle fühlen sich sichtlich wohl auf diesem fast 23 Jahre alten Schiff. Aber irgendwann ist dann dieser schöne Abend vorbei und unsere Gäste verabschieden sich. Herzliche Umarmungen, ein letztes Winken. Wehmut beschleicht mich, ich kann es nicht leugnen. Eine Viertelstunde später geht ein Vibrieren durch das Schiff. Der letzte Festmachertampen fliegt ins Wasser. Wir stehen im strömenden Regen an Deck und schauen den vorbeiziehenden Lichtern nach. Dort liegt Altona, die Fischmarkthalle, die Hochhäuser an der Palmaille, Övelgönne, und weiter elbabwärts taucht der Anleger von Teufelsbrück aus der Dunkelheit auf. Die nasse Kälte kriecht durch unsere Jacken und der schneidende Wind zerrt an den Kapuzen. Keine Menschenseele ist draußen zu sehen. Kein Wunder, ist ja auch ein Wetter, um sich hinter dem Ofen zu verkriechen. Nach diesem ereignisreichen Tag verschwinden wir endlich in unsere Kabine. Todmüde fallen wir in die 1,50 m breiten Kojen. Und da sie so breit sind, beschließen wir, dass uns eine zum Schlafen ausreicht. Es tut mir gut, Erhard so dicht neben mir zu wissen. Es ist schließlich meine erste große Seereise.

Am frühen Morgen passieren wir Cuxhaven und auf der Nordsee empfängt uns der erste Sturm. Mir wird schlecht, ich bin sofort - wie peinlich! - seekrank geworden. Zum Frühstück kann mich niemand überreden. Eine gewaltige Schlingerei und Schaukelei beginnt. Stundenlang, es scheint überhaupt nicht enden zu wollen. Zum Glück sollen wir übermorgen in Antwerpen eintreffen. Ein Tag im Bett, das müsste zu verschmerzen sein. Aber länger will ich auf keinen Fall seekrank sein. Erhard macht das alles scheinbar nichts aus. Er geht zu allen Mahlzeiten und berichtet mir hinterher, was es Neues an Bord gibt.

Es herrscht Windstärke 9, teilweise darüber. Draußen türmen sich gewaltige Wellenberge auf. Die See ist ganz weiß vom Schaum der überbrechenden Wellenkämme. Es wird überhaupt nicht richtig hell, das Schiff schüttelt sich und wackelt, bezwingt Wellenberge und stürzt in Wassertäler. Die Regenschwaden sausen waagerecht über das Schiff. Es ist diesig, Wasser, Wetter und Himmel haben dieselbe Farbe: grau, grau, grau. Kein Wunder, dass mir schlecht wird.

Am nächsten Morgen kommt der Lotse an Bord, der uns nach Antwerpen hineinführen soll. Das Schiff macht nur 10 Knoten Fahrt. Der Wind ist zu stark und die Wellen kommen immer noch genau von vorn. Später erfahren wir, dass es heute der letzte Lotse ist, der an Bord eines Schiffes in der Nordsee geht. Der Überstieg von dem kleinen Lotsenschiff zu den großen Frachtern ist bei dieser Windstärke und den hohen Wellen einfach zu gefährlich. Glück gehabt! Alle anderen müssen draußen auf der Nordsee warten, bis der Sturm vorbei ist.

Mir geht es etwas besser. Ob sich mein Körper schon an das Schaukeln gewöhnt hat? Für das Aufstehen lasse ich mir Zeit, denn mir graut davor, dass zu schnelle Bewegungen wieder das gefürchtete Unwohlsein auslösen könnten. In der Dusche muss ich mich mit einer Hand am Haltegriff festhalten und mit der anderen versuchen, das Duschgel aus der - natürlich! - noch verschlossenen Tube herauszuquetschen und auf meinem Körper zu verteilen. Akrobatische Einlagen. Ich denke dabei schmunzelnd an meine Gymnastikgruppe daheim.

Erhard hat erzählt, dass der Kapitän einen Arzt nach Antwerpen ordern will, wenn es mir weiterhin schlecht ginge. Eine andere Passagierin, die wir noch nicht zu Gesicht bekommen haben, liegt ebenfalls flach. Aber einen Arzt, nein, den will ich keinesfalls für mich an Bord kommen sehen. Deshalb gehen wir nach dem Frühstück auf die Brücke, damit der Kapitän sieht, dass es mir besser geht.

Die Brücke darf man hier jederzeit besuchen. Natürlich sollte man den Kapitän oder den wachhabenden Offizier nicht von der Arbeit abhalten und keine großen Gespräche beginnen, wenn man einen Hafen ansteuert oder ein Lotse an Bord ist. Aber wenn man sich ruhig in eine Ecke stellt und alles beobachtet, dann ist man ein gern geduldeter Gast auf der Brücke. Erhard erklärt mir einige Geräte und ihre Funktion. An einem Messgerät können wir ablesen, dass der Wind mit einer Geschwindigkeit von 20 Metern pro Sekunde bläst, das bedeutet immer noch eine Windstärke von 8 Beaufort. Von der Brücke aus hat man einen wunderbaren Blick nach vorn über das ganze Schiff, der nur durch die Ladebäume eingeschränkt wird. Obwohl die RICKMERS HOUSTON sehr groß ist, schaukelt sie in den Wellenbergen stark hin und her und die Gischt spritzt an den Seiten meterhoch, bevor sie vom Wind fortgerissen wird. Ein Schauspiel wie im Film. Ich bin fasziniert. Es ist überaus beeindruckend, diese Darbietung mit eigenen Augen zu sehen. Angst habe ich keine und übel ist mir auch nicht mehr.

Nur auf dem Radarschirm sind einige Schiffe in der Nähe auszumachen. Die Sicht beträgt lediglich ein bis zwei Seemeilen und es ist immer noch grau und diesig draußen. Der Lotse geht ständig von einer Seite zur anderen und hält immer und immer wieder das Fernglas vor die Augen. Hinter ihm am Steuerrad steht ein junger Filipino. Auf der Brücke geht es manchmal ziemlich militärisch zu. Der Lotse sagt den Kurs an, z. B. „One nine zero“, was einem Kurs von 190 Grad entspricht. Dieser Befehl wird ziemlich laut gegeben, unser Kapitän wiederholt ihn und der Rudergänger wiederholt ihn dann noch einmal ebenso laut: „One nine zero, Sir“. Alle fünf Grad wird der neue Kurs angesagt. Zwischendurch gibt es auch noch andere Befehle und der wachhabende Offizier muss ständig die Daten in die Seekarte und das Logbuch eintragen und die Instrumente ablesen und kontrollieren.

Schlepper am Heck

Der Lotse steuert einen sehr weiten Bogen in die Nordsee hinaus, damit der Wind das Schiff nicht seitwärts auf ein Flach drückt. Dadurch gehen viele Stunden Zeit verloren und wir nähern uns schließlich der Schelde-Einfahrt fast vom Süden, jedenfalls liegt Zeebrügge rechts - steuerbords - vor uns.

In der Landabdeckung wird es etwas ruhiger an Bord. Das Geschaukele nimmt ab und die Stimmung steigt. Der Vormittag geht schneller herum als gedacht. Es gibt so viel zu schauen und mehrmals ziehe ich mir meinen alten Daunenanorak an und mache mich auf den Weg zur Brückennock, wo die Aussicht am besten ist.

Um 15 Uhr passieren wir die Schelde-Schleuse, Millimeterarbeit für den Lotsen. Achtern hat wieder ein Schlepper an unserem Schiff festgemacht und begleitet uns in die Schleuse. Unten fährt ein scheinbar winziger Reisebus vorbei. Die Leute winken mir freundlich zu, und als ich zurückwinke, da erheben sich noch etliche Hände mehr. Was für ein liebenswürdiger Empfang!

Einfahrt in die Schelde-Schleuse

Am Ufer der Schelde ziehen sich kilometerlang Industrieanlagen hin. Eine nach der anderen. Eine nicht enden wollende Fläche von Produktionsanlagen. Weiße Rauchwolken ziehen in den Himmel, Flammen leuchten beim Abfackeln von Gasen und es schlingen sich Rohre von ungeheurer Größe in den tollsten Formen um Kessel und Zylinder.

Eineinhalb Stunden später steuert uns der Lotse rückwärts in das breite Hafenbecken und unser Schiff wird am Kai vertäut. Voraussichtlich werden wir hier vier bis fünf Tage Aufenthalt haben. Der Immigration Officer kommt erst morgen früh an Bord. Vorher dürfen die Passagiere nicht an Land, die Crew hingegen schon. Diese Regeln verstehe, wer mag!

Mary denkt laut darüber nach, nach Mailand zu fliegen und dann in Genua wieder aufs Schiff zu kommen. „I don't like to stay here for four days!" Aber als wir ihr erzählen, wie schön Antwerpen ist, dass sie dort in den Kirchen Bilder von Peter Paul Rubens bewundern kann und dass sie in kurzer Zeit auch Brügge, Gent und Brüssel besuchen könnte, da scheint ihr Abreisewillen schon wieder gebrochen zu sein und sie plant stattdessen, sich ein Auto mit „Driver" zu mieten. Marcel, der französische Passagier, hat ihr erzählt, dass Belgien „as small as a handkerchief is" und „you can see everything within one day". Das scheint Mary mächtig zu beeindrucken und so bleibt sie an Bord.

Am nächsten Vormittag machen wir uns auf den Weg nach Antwerpen. Der Supercargo kennt sich hier gut aus, denn er kommt jedes Mal hierher, wenn RICKMERS-Schiffe in Antwerpen beladen werden. Er hat uns den Weg zur Bushaltestelle beschrieben, die wir dann auch heil erreichen, nachdem wir vorsichtig an allen Gabelstaplern und anderen Fahrzeugen vorbei den sichersten Weg gesucht haben. Der Hafenbetrieb ist hier genauso wie in Hamburg: schnell, laut und voller Frachtgutstücke.

Fracht für uns in Antwerpen

Für nur je einen Euro – also nur „peanuts“, wie Marcel meint - können wir bis in die City fahren. Immer wieder entdecken wir alt bekannte Ecken, die wir bei einem früheren Besuch gesehen haben. Damals war es brüllend heiß. Heute beginnt es schon wieder zu regnen und das nächste Tief kommt durch die Straßen gefegt. Für zwei weitere „peanuts“ fahren wir deshalb bald wieder zurück zu unserem schwimmenden Zuhause.

Zum Abendessen sind wir wieder an Bord und treffen Mary, Marcel und als dritte Passagierin Ella aus der Schweiz. Es gibt Brot und polnische Wurst. Marcel ist entzückt, als er Senf entdeckt, schraubt den Deckel vom Glas, stellt aber enttäuscht fest, dass sein Esslöffel nicht in die Öffnung passt. Lächelnd behilft er sich mit dem Stiel.

Mary, die heute mit mehreren goldfarbenen Ketten erschienen ist, hat sich das angepriesene Sirloin-Steak bestellt. Sie bekommt es, zusammen mit einem Salatteller, auf den der Koch eine extra für sie zurecht geschnitzte Tomate gelegt hat. Sie berichtet uns mit einem Schmunzeln, dass sie drei Wochen gebraucht habe, um dem Koch zu erklären, wie sie ihren Salat gern hätte. Das Steak scheint ihr zu schmecken, und auch Marcel bestellt es sich. Es dauert nicht lange und er bekommt eine Portion überbratene „mashed potatoes“ und einen Berg in kleinste Stücke geschnittenes Fleisch serviert. Mehrere Augenpaare schauen sich interessiert den Teller an. Marys Augen werden immer größer und ihr Hals lang und länger, bevor sie staunend sagt: „Marcel, whaaaaaat did youuuuu order?“

Unsere Speisen sind international: Marmelade aus Griechenland, Milch aus China, Wasser aus den Vereinigten Emiraten, Käse aus USA. Auf den Tischen stehen Eimer, in denen man Zutaten wie Ketchup, Honig, Oliven, Senf oder andere Dinge findet. Alles sieht sehr rustikal aus. Von den beiden Stewards James und Ron wird uns jeder Wunsch gern und bereitwillig erfüllt, jedoch weichen unsere Vorstellungen und ihre Ausführungen manchmal voneinander ab.

Beim nächsten Frühstück unterhalten wir uns mit Ella und dem polnischen Kapitän. Ella erzählt, dass sie in Ungarn geboren ist, aber schon seit 20 Jahren in der Schweiz lebt. Der Kapitän berichtet, dass die erwartete Ladung Stahl mit Leichtern auf dem Wasserwege herangeschafft wird und, wenn wir Glück haben, in zwei Tagen hier eintreffen soll. Am Kai liegen noch Berge von anderer Fracht, die aber noch nicht verladen werden können, weil der schwerere Stahl zuerst im Schiff verstaut werden muss. Inzwischen ist ein LKW aus Griechenland mit seiner Fracht angekommen, aber auch er muss auf die Entladung bis zum Montag warten. Der Fahrer und seine Frau werden kurzerhand auf unserem Schiff einquartiert.

Am Nachmittag begeben wir uns noch einmal in die Stadt und besichtigen das Rubenshuis. Wir schauen uns an, wo Peter Paul

Rubens gewohnt, gelebt und gearbeitet hat, und bestaunen seine Bilder. Ich bewundere die Figur seiner gemalten Eva und hätte auch gern eine solche.

Später gibt es Musik an Bord. Der Kapitän lädt uns in den „TV-Room“ ein, wo uns ein Vater mit seinen beiden Töchtern und ein Gitarrist erwarten. Sie machen Musik für die Seeleute. Die Stimmung ist gut. Die Filipinos sitzen freudestrahlend barfuß oder in Sandalen da, einer schaut im Schlafanzug um die Ecke, er hat wohl die Ankündigung verpasst und ist nun durch die Musik aufgeschreckt worden. Es ist richtig familiär, richtig zum Wohlfühlen.

Inzwischen sind wir nun schon eine Woche an Bord. Jeden Tag gibt es etwas Neues zu erleben und zu entdecken. Entfernungsmäßig haben wir es noch nicht weit geschafft: Wir sind immer noch in Antwerpen. Aber das macht nichts, so können wir uns gut an all die Gepflogenheiten an Bord und den Betrieb hier im Hafen gewöhnen. Die wunderlichsten Kisten und unförmigsten Teile, schwere Stahlrohre, -platten und -stangen und viele für uns undefinierbare Dinge verschwinden noch immer unablässig in den tiefen Ladedecks unseres Schiffes. Draußen rumpelt und quietscht, scheppert und poltert, dröhnt und rasselt, knarrt und klappert, kracht und tutet es von morgens um fünf bis abends um elf. Aber auch daran haben wir uns gewöhnt. Weil die Kabinen stark aufgeheizt sind, schlafen wir inzwischen sogar bei offenen Fenstern. Wer hätte je gedacht, dass man bei solch einem Getöse schlafen kann? Wir haben es inzwischen gelernt! Und die Geräusche der Hilfsdiesel hören sich dazu schon fast wie Schlafmusik an ...

Der Sturm hat nicht nachgelassen. Die Kräne können stundenweise nicht arbeiten. Die Wellen gischten auf den Kai. Unser Schiff zerrt an den Halteleinen und rüttelt ziemlich stark hin und her. Wir entschließen uns zu einem Zoobesuch. Wer hat schon jemals während einer Seereise einen Zoo besucht? Bei einer Frachtschiffreise ist halt alles möglich!

Am Nachmittag holen wir zum ersten Mal unsere Fahrräder von Bord und besuchen den nächsten Ort mit dem Namen Ekeren. Dreieinhalb Stunden sind wir unterwegs, fahren durch Wälder von Containern und am Rande von Bahngleisen entlang.

Wir waschen Wäsche, und als ich nach einem Bügeleisen frage, antwortet Ron: „Yes, Madam, this is a problem." Die „Bügelmaschine" sei leider kaputt und nur der Kapitän und der Chief Engineer hätten noch eines. Nun ja, diese beiden Herren will ich nicht fragen, ob sie mir ihre Haushaltsgeräte leihen, und Mary sieht mich mit riesengroßen Augen an: „I neeever iron cloth, when I am on a voyage. Neeeveeer!" Ernüchtert nutze ich die Gelegenheit, fahre noch einmal nach Antwerpen hinein und kaufe ein kleines Bügeleisen.

Nun haben zwei Schlepper an unserer RICKMERS HOUSTON angelegt und werden uns in die ungefähr 100 Seemeilen entfernte Nordsee zurückbringen, was ca. zehn Stunden dauern kann. Hoffentlich haben wir einigermaßen gutes Wetter in der Biskaya. Ich möchte nicht wieder seekrank werden.

Antwerpen bis Genua

Tatsächlich geht nach sieben Hafentagen die Reise weiter. Alle sind froh darüber. Wir stehen an Deck und beobachten das Geschehen. Beim Ablegen ist es stockdunkel, nur die vielen Lichter von den Hafenanlagen und Kränen erhellen die Szene. Dem Kapitän sieht man die Anspannung an. Er allein trägt die volle Verantwortung für sein Schiff, die Besatzung und uns Passagiere, auch wenn ihm bei schwierigen Hafenmanövern ein Lotse zur Seite steht.

Wir passieren eine enge Klappbrücke und gleiten wieder vorbei an den nicht enden wollenden Industrieanlagen und chemischen Werken. Die Raffinerien hinterlassen mit den sich auf dem Wasser spiegelnden Flammen zum Abfackeln der Gase ein sehr imposantes, manchmal etwas schauriges Bild.

Allmählich wird es uns zu kalt an Deck. Wir verziehen uns in unsere Kabine. Irgendwann wachen wir aus dem ersten Schlaf auf, und als ich aus dem Fenster am Fußende unseres Bettes schaue, stelle ich fest, dass wir gerade in die Schelde-Schleuse eingelaufen sind. In unserem Nachtzeug knien wir auf unserem Bett vor dem Fenstersims und schauen zu, was dort unten passiert. Das hätten wir uns auch nie träumen lassen: einmal nur mit einem Schlafanzug bekleidet durch eine Schleuse zu fahren! Einfach irre! Es ist Mitternacht.

Am nächsten Morgen: klare, frische Luft zum Reinbeißen. Wir atmen tief durch, fühlen uns richtig wohl und stapfen bis zur Nock hinauf. Dort nimmt der Wind uns den Atem, aber wir werden mit einem wunderschönen Sonnenaufgang und dem Blick über das Vorschiff ins Meer hinaus entschädigt. Dieses blaue Wasser! Welche Farben! Und die vielen weißen Wellenkämme! Vorn am Bug schäumen die Wogen an der Bordwand entlang. Die Gischt wird vom Wind auseinander getrieben.

Sturm in der Biskaya

Wir sehen kleine Regenbogen, bevor die Wassertropfen wieder in das Meer zurücksinken. Stundenlang könnte ich diesem Schauspiel zusehen. Der Wind kommt von backbord, das Schiff macht rollende Bewegungen. Vormittags erreichen wir die große Seestraße zwischen Frankreich und England. Hier, im Kanal, herrscht reger Schiffsverkehr.

Die schönsten Düfte ziehen in unsere Nasen und wir gehen zum Essen. Marlene, eine Kanadierin, die wir nach ihrer Genesung auch kennen gelernt haben, Marcel und Ella sitzen schon am Kapitänstisch mit insgesamt acht Plätzen. Hinter dem Tisch ist gleich die Bordwand mit den großen Fenstern. Dort achtern schauen wir hinaus: Sonnenschein, schäumendes und gischtendes Meer in sich ständig ändernden Farben, ein T-Bone-Steak auf dem Teller ... was wollen wir noch mehr? Es geht uns gut, wirklich gut!

Die weiße Steilküste von Dover rückt steuerbords ins Blickfeld. Ein kleineres Schiff, das hoch aus dem Wasser ragt und offensichtlich keine Ladung hat, kreuzt unseren Kurs. Es sieht Furcht erregend aus, wie es von den Wellen hin- und hergeworfen wird und teilweise total in den Wellentälern verschwindet. Ich bin froh, hier auf diesem großen Schiff zu sein, das mit seiner schweren Ladung nicht ganz so stark gebeutelt wird.

Am Nachmittag passieren wir auf der Steuerbordseite Dungeness an der Südküste von England. Eine Stunde später Beachy Head mit seinem Leuchtturm.

Das Schiff rollt so stark, dass selbst Erhard nicht schlafen kann. Er verzieht sich mit Kissen und Decke in den Salon, wo das Sofa in Querrichtung des Schiffes steht. Gestern Abend hat er mir ein Pflaster gegen Seekrankheit hinters Ohr geklebt. Breitbeinig vor dem Bett auf dem Fußboden sitzend fischte er es aus unserem Medikamentenkasten heraus. Es hilft zum Glück sehr schnell.

Aber heute, bei Windstärke 10, geht mir das elende Geschaukel ganz schön auf den Keks. Das Schiff schlingert. Der Horizont ist an meinem linken, sich an der Schiffsseite befindenden, bodentiefen Fenster einmal überhaupt nicht mehr zu sehen und dann wieder an der oberen Fensterkante angesiedelt.

Ich erinnere mich an einen früheren Segeltörn mit Erhard. Dort wurde das Wasser etwas kabbelig und mir war plötzlich nicht mehr gut. Als ich mich unten hinlegte, schlugen die Wellen genauso gegen das kleine Segelboot, wie ich das nun hier bei diesem riesengroßen Stahlschiff empfinde. Aufstehen kann ich nur noch, wenn ich mich wirklich gut festhalte. Der Seegang hat alles durcheinander gewürfelt. In unserer Wäschekammer herrscht Chaos und der Koffer liegt verquer. Die Waschutensilien sind über den Boden verstreut. Auch im Salon liegen die Bücher und Hefte auf dem Fußboden, der Papierkorb kullert durch den Raum. Im Badezimmer geht der Duschvorhang immer wieder selbstständig auf und zu. Die Schranktüren haben wir inzwischen mit Papierknäueln verklemmt. Aber nun öffnen sich, wie von Geisterhand berührt, sogar die schweren Schubladen des Schreibtisches von ganz allein. Wenn mir nicht so elend zumute wäre, würde ich vielleicht über dieses Szenario lachen. Es knirscht und knarrt überall im „Gebälk". Hinter unseren Schlafzimmerfenstern ist ein dicker Eisenträger, der bei den ganz großen Bewegungen mit lautem Getöse in seiner Halterung herumdröhnt.

Bei diesem Wetter ist es schon eine merkwürdige Seefahrt! Der Kapitän saß bisher immer sehr aufgeräumt bei uns am Tisch und hat mit uns geplaudert, doch seit kurzem ist er nicht mehr anwesend. Wir haben ihn einmal ziemlich sauer erlebt, weil ihm per Fax die unzureichende Fahrtgeschwindigkeit vorgeworfen wurde. Nach einem Blick in die Seekarte wissen wir, dass unser Schiff in anderthalb Stunden nur anderthalb Seemeilen vorwärts gekommen ist. Das ist natürlich wirklich wenig, aber bei solch einem Wellengang geht das wohl nicht anders.

Die Kanalinseln liegen am Freitagmorgen südlich von uns. Immer noch Windstärke 10, sehr hohe Wellen, Fahrt 4 bis 5 Knoten. Es ist diesig. Die Schiffsbewegungen sind ausnahmsweise gut zu ertragen. Wir beide fühlen uns wohl. Ich bin nicht mehr seekrank. Das Mittagessen hat sehr gut geschmeckt: köstlicher Fisch mit Aubergine und frischem Salat. Zum Dinner steht mariniertes Huhn mit Chinakohl auf der Karte.

Das Meer begegnet uns mit beeindruckender Energie. Nachmittags soll der Kurs geändert werden, teilt uns der Steward während des Essens mit. Wir keilen vorsichtshalber in unserer Kabine alles nochmals fest. Aber es passiert nichts! Der Kurs bleibt, wie er war. Auch die Fahrtgeschwindigkeit scheint unverändert. Die Sicht beträgt nur eine Meile, es ist dunstig und grau. Die Wogen sind unvermindert hoch. Ich mag gar nicht mehr nach draußen sehen. Das Geschaukel ist mir nicht ganz geheuer. Ich werde ein wenig apathisch, habe zu nichts richtig Lust, muss mich sogar dazu überwinden, das Buch und die Brille hervorzukramen! Lesen lenkt ab. Aber nach einigen Stunden werde ich auch davon rammdösig.

Auf der Brücke erfahren wir vom wachhabenden Offizier, dass der Kapitän momentan keine Besucher auf der Brücke haben möchte. Bei diesem Seegang sei die Verletzungsgefahr zu groß. Tatsächlich ist auf dem glatten Boden ein Rutschen wie auf einer Eisbahn möglich. Etwas enttäuscht werfen wir schnell noch einen Blick auf die Seekarte. Wir befinden uns immer noch im Kanal südlich von England und fahren westwärts statt südwestwärts! Mary hat inzwischen herumgewitzelt: „I think, we will go to Canada!“ Galgenhumor.

Der Kapitän hat mit dem zweiten Offizier auf der Brücke eine lautstarke Auseinandersetzung. Geht es um den Kurs? Meine Güte, wohin sind wir geraten! Und alles fing doch so gut an! Eine nicht sehr beruhigende Situation.

Am Nachmittag erfreut uns blauer Himmel und die Sonne erwärmt uns für ein paar Stunden. Wir gehen an Deck und machen mit dem reißenden Wind Kraftproben an den Haltestangen. Wenig später hat uns eine neue Schlechtwetterfront erreicht: Schon wieder ist Sturm und es schaukelt ständig mehr.

So sehr hatte ich mich darauf gefreut, die Biskaya schnell zu durchqueren und nun krebsen wir immer noch im Kanal herum. Dabei sind wir schon den 13. Tag an Bord! Warum machen wir überhaupt eine solche Reise? Ob Erhard sich das auch so vorgestellt hat?

Samstag: Das elende Geschaukel geht weiter. Am äußeren Bild und an den Umständen hat sich nicht viel geändert. Der Steward ist seekrank geworden und zeigt nur selten sein grün-gelbes Gesicht. So recht beruhigend ist die Lage wirklich nicht.

Montag: Very exciting! Nobody knows, where we are! Das ist unsere Situation: Das Schiff krängt unverändert in unregelmäßigen, launigen Intervallen bis zu 30 Grad nach backbord und nach steuerbord. Seit die Brücke für uns als Informationsquelle ausgefallen ist, herrscht allgemeine Orientierungslosigkeit unter den Passagieren. Keiner weiß, wo wir genau sind. Vermutungen machen die Runde und der Phantasie sind keine Grenzen gesetzt. Der Galgenhumor wird immer markiger. Alle meinen, wir befänden uns auf Südwest-Kurs, aber unser Kompass weist nach Westen. Warum? Wir wollen doch nach Gibraltar! Und der Kapitän lässt sich nicht mehr blicken!

Allmählich sehne ich den Tag herbei, an dem wieder Land in Sicht kommt oder wenigstens ein Schiff. Ich fühle mich gefangen in der Stahlkiste und verraten und verkauft. Der einzige erfreuliche Lichtblick für mich ist Erhard! Wie halten das bloß die anderen Passagiere aus, die allein reisen? Meine Gedanken wandern oft nach Hause! Ich denke an unsere Freunde, die uns bestimmt schon längst in Genua wähnen. Ach, wären wir bloß bald da! Ich kann auch nicht verstehen, warum der Kapitän solch einen Umweg um die Biskaya macht. Oder sind wir mittendrin? Wenn er wenigstens hin und wieder eine Erklärung abgeben würde, dann wäre mir viel wohler! Und dabei hatte er doch anfangs solch einen guten Eindruck auf uns gemacht, hat sich um alles gekümmert. Komisch, alles sehr komisch!

Unser Schiff kämpft unverdrossen gegen die Naturgewalten an. Wir vertreiben uns sie Zeit mit Lesen. Mein zweites Buch, „Die weiße Massai“ von Corinne Hofmann, habe ich auch schon fast durch. Selten habe ich so schnell Bücher gelesen, wie jetzt! Es ist angenehm, dadurch gedanklich in eine andere Welt abzutauchen und kaum fassbar, was eine weiße Schweizerin alles anstellt, um ihren „Prinzen“, einen Massai, zu heiraten. Wirklich erstaunlich, was manche Menschen in ihrem Leben alles machen! Verblüfft und etwas erschrocken stelle ich plötzlich fest: dieser letzte Satz trifft auf Erhard und mich ebenfalls zu!

In der Nacht heult der Sturm weiter, das Schiff rollt gewaltig und der Eisenträger hinter unseren Schlafzimmerfenstern bollert unablässig hin und her. Kurz vor dem Zubettgehen, wagen wir uns noch einmal nach draußen. Es ist ein Erlebnis, sich dort den Naturgewalten direkt auszusetzen, man muss sich allerdings richtig gut festhalten, um einerseits nicht weggeblasen zu werden und andererseits nicht die Balance zu verlieren. Das Meer sieht wie verwüstet aus.

Am fünften Sturmtag treffen wir mittags den ersten Offizier. Welch ein Glücksfall! Sein Bericht: Wir fahren westlichen Kurs, Geschwindigkeit drei Knoten. Augenblickliche Windstärke 11 bis 12, ein weiteres Tief kommt von Westen daher gejagt. Wellenhöhe mehr als 10 Meter. Unsere Position liegt bereits auf dem 14. Längen- und 47. Breitengrad. Für 18 Uhr ist eine Kursänderung vorgesehen und zwar genau in die entgegengesetzte Richtung! Der Offizier erzählt, dass er in seinem 24-jährigen Seemannsleben ein solches Wetter noch nicht erlebt hat. Ein Tief jagt das nächste und es besteht keine Chance, Richtung Süden zu kommen.

Wir sind also die ganzen letzten Tage hier herumgetrieben in der Hoffnung, eine freie Durchfahrt südwärts zwischen den Tiefs zu erwischen! Da sich bisher diese Hoffnung nicht erfüllt hat, der Kapitän aber den westlichen Kurs nicht länger einhalten will, weil wir uns dadurch dem Ziel entfernen, wird er heute Abend das Schiff einfach wenden. Außerdem macht das Schiff nur noch so wenig Fahrt, dass ein Kurswechsel einfach vorgenommen werden muss.

So, nun wissen wir wenigstens, was los ist. Auch wenn die Neuigkeiten nicht unbedingt erfreulich sind, so bin ich doch etwas beruhigter. Beim Mittagessen haben wir ein wirklich imposantes Schauspiel vor Augen: Die unglaublich hohen Wellenberge heben das Schiff in die Höhe, als wäre es aus Papier, und wenn dann der höchste Punkt der Welle erreicht ist und wir einen herrlichen, weiten Blick über die momentan sonnenbeschienene See werfen, beginnt es sich kurz darauf unendlich tief hinunterzusenken und in das Wellental zu fallen. Meterhoch türmen sich die zum Glück nach hinten wegziehenden Wassermassen auf. Niemand spricht von Angst. Die weißen Schaumkronen glitzern wie Edelsteine. Bei diesem Anblick meine ich zu träumen, so beeindruckend ist es.

Im Restaurant sitzen wir auch abends mit weit auseinander stehenden Knien auf den ohnehin schon stabilen und schweren Sesseln, die zudem noch Stopper unter den Füßen aufweisen. Es ist ratsam, das Wasserglas fest im Griff zu haben. Mit der anderen Hand versucht man, sein Essen zum Mund zu befördern. Die Suppe schaukelt in den hohen Tassen beträchtlich hin und her. Herr Knigge hätte bestimmt keine Freude an uns! Wir sitzen noch beisammen, als abends kurz vor 18 Uhr das Schiff tatsächlich langsam und bedächtig gewendet wird. Die Sonne hangelt sich von einem Fenster zum nächsten. Irgendwann haben wir sie dann steuerbord achteraus. Als die Wellen genau von der Seite kommen, ist es am gefährlichsten. Ron sammelt schnell den Eimer mit den Saucen ein, der kurz vor dem Kippen steht. Ein Sessel rutscht in die Ecke und der Tisch verschiebt sich. Sonst haben wir alles heil überstanden und sind zum Glück schnell über diesen Punkt hinweg.

Nun rollen die Wogen nicht mehr von vorn nach achtern unter unserem Schiff hindurch, sondern kommen von hinten direkt auf uns zu. Manchmal halte ich die Luft an, so außergewöhnlich hoch sind die Wellenberge. Der Chief Officer erzählt, dass wir immer noch Windstärke 11 bis 12 haben, also Orkan.

Wir schauen uns dieses Naturschauspiel an, als würden wir im Kino sitzen. Ich staune, wie schön es aussieht. Die Kimm ist so gezackt, als würden sich an ihrem Rand lauter Schiffe mit weißen Segeln befinden. Von Westen ziehen die ersten Wolken des nächsten angekündigten Tiefs herbei. Allmählich verschwindet die Sonne hinter ihnen und beleuchtet nur noch den Rand. Atemberaubend! Später findet sie noch eine Lücke in der bis zur Kimm hängenden Wolkenwand und beschert uns den ersten Sonnenuntergang im Atlantik.

Am nächsten Morgen wache ich trotz des Geschaukels in der Nacht frisch auf und fühle mich erholt. Unsere Körper haben sich inzwischen an die Schiffsbewegungen gewöhnt. Wenn jetzt der Papierkorb von einer Seite zur anderen saust oder die Zeitschriften durch den Salon fliegen, sehen wir uns nur noch belustigt an. Das Problem der sich von allein öffnenden Schubladen ist behoben: Der Sessel steht davor. Den Duschvorhang hat Erhard erfinderisch mit einer Wäscheklammer gesichert. So gibt es für alles eine Lösung, und wir sind heute eigentlich ganz zufrieden mit uns und unserer kleinen Welt.

Der orkanartige Sturm lässt etwas nach, aber der Himmel bezieht sich bald und die Sonne ist nicht mehr zu sehen. Das Meer zeigt sich total aufgewühlt und hat eine gewaltige Dünung, die stoßartig gegen unser Schiff rollt. Wenn wir im Bett liegen, glauben wir, uns auf einer Schiffsschaukel zu befinden und die Bedeutung dieses Wortes bekommt plötzlich eine andere Begriffsbestimmung. Die Wellen kommen schräg von der Seite und ich habe manchmal die Befürchtung, dass das Schiff kentern könnte. Aber wahrscheinlich bin ich die Einzige hier an Bord, die solche Gedanken aufkommen lässt!

Von der Brückennock schauen wir eine ganze Weile nach vorn. Es ist so schön, die Eindrücke in sich aufzunehmen und die Gedanken schweifen zu lassen. Einige Seeleute haben sich auf das Vorschiff gewagt und räumen dort auf.

Der wachhabende Offizier ist mit dem Kurs zufrieden. „Wenn wir Glück haben, werden wir uns heute Nacht der portugiesischen

Küste nähern“, sagt er. Damit hätten wir ein riesiges Dreieck um die Biskaya gemacht. Nun scheint es voranzugehen. Ich bin heilfroh!

Der nächste Tag beginnt wieder Grau in Grau, jedoch schaukelt das Schiff deutlich weniger. Wir fühlen eine erstaunlich milde Temperatur, aber es gießt in Strömen. Unsere RICKMERS HOUSTON macht gute Fahrt, die Maschine brummt gleichmäßig. Ein anderes Schiff begegnet uns. Später überholen wir einen kleineren Frachter. Schiffsverkehr, das bedeutet, wir befinden uns wohl auf dem richtigen Weg.

Seit vielen Tagen kann ich das erste Mal meine Haare mit beiden Händen waschen. Sicheres Stehen mit weit auseinander gestellten Füßen und jederzeit bereit, den Haltegriff zu packen, ist jedoch immer noch wichtig. Vor dem Mittagessen gehen wir kurz an Deck, wie gewohnt in den dicken Anoraks. Aber es ist so warm, dass wir sie bald ausziehen. Das Thermometer zeigt 19 Grad Celsius. Wir dürfen wieder auf die Brücke und einen Blick auf die Seekarte zeigt uns: Die Biskaya liegt, gottlob, hinter uns! Mit südlichem Kurs fahren wir gerade an der portugiesischen Küste entlang, ziemlich genau zwischen Porto und Lissabon.

Ich freue mich darauf, bald wieder Land zu sehen, vielleicht heute Nacht die ersten kreisenden Lichtkegel von Leuchttürmen oder anderen Seezeichen. Nach diesen nicht enden wollenden Tagen mitten auf dem Meer mit dem ewigen Sturm und Orkan sehne ich mich nach ruhigeren Ausblicken.

Zum Sonnenuntergang stehen wir an der Reling und staunen über das wunderbare Schauspiel der Farben. Einfach faszinierend: Dieses riesige Himmelsgewölbe über uns, das von Sekunde zu Sekunde seine Farben ändert. Ich bin begeistert.

Spätabends offenbart sich uns ein wunderbar klarer Sternenhimmel. Abermillionen von Sternen hängen über uns, funkeln und blinken uns freundlich an und die Milchstraße flimmert zu uns herab. Am Horizont - wer hätte das gedacht – tauchen tatsächlich die ersten Leuchtfeuer auf. Ich kann mir nicht helfen: Ich muss einmal tief durchatmen. Ein Seemann ruht sich an Deck auf einem uralten Stuhl aus. Er trägt Kopfhörer, hört laute Musik und schaut ebenfalls zu den Sternen empor. Ob auch er sie vermisst hat?

Den Sonnenaufgang am nächsten Tag will ich auf keinen Fall versäumen und stehe kurz nach sieben Uhr auf der Nock. Wie wunderschön die Farben sich verändern: Anfangs ist es noch dunkel und nur eine klare, schmale Sichel des Mondes leuchtet hell zwischen den großen Kränen unseres Schiffes, umgeben von unzähligen funkelnden Sternen. Auf dem Wasser entdecke ich mehrere Dampferlichter von anderen Schiffen. Allmählich bekommt der Himmel einen helleren Schein. Ganz oben blinken die Positionslampen eines Flugzeugs und einige Zeit später ist sein Kondensstreifen von der Sonne beschienen. Die Schiffe zeigen zaghafte Umrisse und der Himmel breitet sich wie ein blau-rot-gelbes Zeltdach über mir aus.

Ich genieße es, mir den Fahrtwind um die Nase wehen zu lassen, denn die Luft ist milde. Der erste Offizier hat auf der Brücke Wache und fragt mich, was ich so früh hier mache. „I'm waiting for the sun to rise. Isn't it beautiful? What a wonderful world!" Eine Weile schaut auch er in die Richtung des immer heller werdenden Horizontes und lädt mich dann zu einem Kaffee ein. Bis zum Sonnenaufgang um „zero eight twenty five" sei noch genügend Zeit. Später liegt unsere gute, liebe Sonne wie ein halbrunder grellroter Kinderbauklotz auf dem Wasser. Ein wahrhaft herzerwärmender Anblick!

Am Horizont werden nach und nach die Umrisse von Land erkennbar. Welch eine Erleichterung, welch ein lang ersehnter Anblick! Es wird mir klar, wie sehr ich diesen Augenblick herbeigesehnt habe. Nicht, weil ich das Wasser nicht mag, nein, ganz im Gegenteil, aber seit unserer Abfahrt von Antwerpen hatten wir ein wenig zu viel Meer um uns herum, vor allem zu viel dunkles, graues, weiß schäumendes Wasser, das in viel zu starker Bewegung war.

Aber nun scheint die Sonne und alles ist genau so, wie man sich eine Seereise vorstellt. Mit dem Fernglas in der Hand stehen wir wieder auf der uns inzwischen so lieb gewonnenen Nock und spähen immer wieder hinüber zu diesem schattenhaften Gebilde, weit hinten im Dunst. Drei Stunden später erscheinen die Berge an der Südspitze Portugals schon recht klar. Sie sind teilweise bewachsen, aber auch in vielen Regionen grau und kahl. Dann sind einzelne Häuser, ein Strand, Kirchen und Bäume zu erkennen. Es ist spannend, auf diese mir völlig neue Art ein Land zu entdecken.

Gegen 16 Uhr passieren wir die engste Stelle der Straße von Gibraltar. Immer noch herrscht schönstes Wetter, strahlender Sonnenschein, aber auch ein ziemlich auffrischender Wind von 17 - 20 Knoten. Durch das Fernglas sehen wir die wunderschönen Städte und Orte. Auf der portugiesisch/spanischen Seite gibt es unzählige Windräder, auf der marokkanischen weniger. Man kann einige Straßen verfolgen, die in Serpentinen von den ziemlich hohen Bergen herunterführen. Die Ortschaft Tarifa liegt auf einer kleinen, dem Festland vorgelagerten Insel. Auf der Südseite erstreckt sich im Dunst die Stadt Tanger. Am östlichsten Punkt taucht hinter einer Bucht ebenfalls eine zauberhafte Stadt auf, vor deren Hafen eine Festung liegt.

Meine Gedanken taumeln umher und mir geht durch den Kopf, was ich für ein riesenhaftes Glück habe, dies alles erleben zu können! Niemals hätte ich das zu träumen gewagt. Niemals wäre ich je auf die Idee gekommen, mit einem Frachtschiff über die Weltmeere zu reisen. Und nun ist es Wirklichkeit! Zeit und Raum, Wasser und Himmel, alles scheint unendlich. Mir ist, als würde ich schweben. Ist das wirklich alles wahr? Welches Engelein hat die Geschicke meines Lebens in diese Bahnen gelenkt? Wie ist die Welt bloß wunderschön. Ich bin von allem fasziniert und wünschte, alle, die ich lieb habe, könnten hier bei mir sein.

Sonntagmorgen auf dem Mittelmeer: Die Sonne strahlt vom Himmel, der blau über dem blauen Meer hängt. Wer will hier wohl mit wem in farbliche Konkurrenz treten? Nirgendwo ist ein Schiff oder eine Insel zu sehen. Hier an der Reling wähne ich mich allein auf der Welt.

Auf dem Vorschiff, Ankerkette

Wir machen unseren ersten Spaziergang zum Bug des Schiffes. Meine Güte, sind das viele Metallteile! Alles Supergröße XXL! Schäkel, mannshoch, eine Ankerkette, deren einzelne Glieder rund 30 cm groß sind, und ein durch sechs Ketten gesicherter Anker. Bolzen und andere stählerne Stücke von einer Größe, die ich vorher nie gesehen habe. Die Winschen sind so groß wie ich selber und Laschgurte sind wie ein Spinnennetz über das gesamte Vordeck gespannt. Zwischen all diesen Teilen komme ich mir wie eine Ameise vor. Es ist schön aufgeräumt, nirgendwo lagert mehr Holz, alle Ketten sind in Behältern verstaut. Die Tampen liegen fein säuberlich nebeneinander auf dem Vordeck aus. Tampen, übrigens noch viel dicker als mein Arm!

Vorn auf dem Schiff ist es ganz ruhig. Die Geräusche der Maschine sind hier kaum wahrnehmbar. Nur das Wasser rauscht. Wir beugen uns über die Bugspitze und sehen, wie sich der runde Wulstbug durch das Wasser schiebt. Der Fahrtwind zieht am Ohr vorbei, ich fühle mich schwerelos.

Im Mittelmeer. Im Vordergrund unser Rettungsboot und im Kielwasser ein Fischerboot

Auch am nächsten Tag scheint die Sonne. Vom Aufgang bis zum Untergang erleben wir eine richtige Bilderbuch-Seefahrt. Den ersten Fisch, der vor Übermut aus dem Wasser sprang und darin herumtollte, haben wir auch schon entdeckt. Später tummeln sich zwei Fische im Wasser und spritzen hohe Wasserfontänen in die Luft. Sogar eine Seeschildkröte zieht an der Schiffswand vorbei.

Das wunderbare Wetter hebt die Stimmung an Bord gewaltig. Die Seeleute haben damit begonnen, auf dem Vorschiff die grauen Stahlwände gelb anzumalen. Nun sieht es auch dort viel positiver aus. Und, zugegeben, der Anstrich war wirklich fällig. Nun wird unsere RICKMERS HOUSTON richtig schön. Vielleicht machen wir den Kreuzfahrtschiffen doch noch Konkurrenz?

Beim Mittagessen amüsieren wir uns köstlich. Marcel ist ein gar zu lustiger Typ. Er sieht genau so aus, wie ich mir einen Franzosen, der am Meer lebt, vorstellen würde: mittelgroß, schlank, Haare, die höchstens einmal am Tag gekämmt werden und deshalb die meiste Zeit ziemlich zottelig am Kopf hängen und ein schon etwas zerfurchtes Gesicht. Marcel trägt ein olivgrünes T-Shirt mit langen Ärmeln und weitem Halsausschnitt und eine Hose, die ich wirklich einmal beschreiben muss: Ihre Grundfarbe war einmal blau, aber inzwischen ist sie ziemlich verschossen und nach ca. zwei Wochen Tragen in einem Zustand, dass man die einstmals hübsche Farbe nur noch an wenigen Stellen ausmachen kann. Ein Gürtel mit einer viel zu großen messingfarbenen Schnalle, auf der ein Anker prangt, hält die Hose gerade eben noch auf den Hüftknochen fest. Aus den Hosentaschen quellen Bänder und Taschentuchzipfel hervor. An einem Band hängt Marcels großes Taschenmesser, das etliche Klingen und andere Instrumente aufweist. Marcel holt es bei diversen Demonstrationen oder zu anderen Zwecken oftmals aus der Tasche hervor, wobei dann regelmäßig auch die ganzen zerknüddelten Tücher und Bänder mit zum Vorschein kommen. Der Verschluss des Hosenreißverschlusses ist nicht immer an der richtigen Stelle positioniert, aber niemand würde zugeben, dass das bei Marcels Gesamterscheinung stören würde und Marcel ist es sowieso egal.

Heute muss er uns unbedingt von seiner Schulzeit erzählen. Wenn er etwas Wichtiges zu erzählen hat, steht er immer auf. Und wenn das passiert, dann stoßen Ella und ich uns verheißungsvoll an und ich schaue voller Vorfreude zu ihm hin. Seine Vorstellung beginnt. Es ist wie im Theater! Er erzählt von einem Lehrer, der ein Korse war. Mit einer Hand fährt Marcel von oben nach unten über sein Gesicht und es erscheinen ein strenger Gesichtsausdruck und stechende Augen. Er erklärt, dass der Korse einen Degenschmiss vom rechten Ohr zum Kinn und zurück von der Oberlippe zur Wange hatte. Man könnte glauben, dass Marcels Gesicht nun ein wenig schief aussieht. Jeder hört wie gebannt seinen Vortrag. Dann, man glaubt es kaum, hat der Korse auch noch eine Unterlippe, die ihm recht weit herunter hängt. Marcel deutet es an, indem er seine Unterlippe herunterzieht. Nun entsteht ein Gesamtanblick auf Marcels Gesicht, über den wir uns köstlich amüsieren.

Marcel nutzt die Pause, um sich hinzusetzen und einen Happen von seinem inzwischen kalt gewordenen Essen zu verzehren. Als wir uns eben vom Lachen erholt haben, erhebt er sich schon wieder und die glucksende Vorfreude beginnt erneut. Marcels Vorträge sind einfach komisch und weil er sich in dieser Rolle wohlfühlt, hat er schon viele kalte Mahlzeiten hier an Bord gehabt.

Am späten Nachmittag taucht der Kapitän wieder auf, den wir nun schon lange nicht mehr zu Gesicht bekommen haben. Plötzlich ist er wieder auf der Brücke und arbeitet dort zusammen mit dem zweiten Offizier, einem sehr ernsten, aber freundlichen Filipino. Ich freue mich, den Kapitän wieder zu sehen, denn es kursierten schon die wildesten Gerüchte über sein „Nichtvorhandensein“. Aber er hatte wegen des Sturmes einfach zu viel zu tun.

Beim Abendessen unterhalten wir uns mit dem Chief Engineer, einem Polen mit lustigem Oberlippenbart, über die Orkantage in der Biskaya. Er ist froh, dass seine Maschine durchgehalten hat, und erwähnt mehrmals die Worte „very serious“. Der erste Offizier nimmt auch Stellung und sagt, dass die Schiffsleitung die besonderen Zustände an Bord heruntergespielt habe, um keine

Aufregung aufkommen zu lassen. Haben wir uns vielleicht doch in einer bedrohlicheren Situation befunden, als wir denken? Um 30 Grad rollte das Schiff zu jeder Seite. Wie weit kann sich ein Schiff mit solchen hohen und schweren Aufbauten eigentlich neigen, bevor es kentert? Ich weiß es nicht, will es heute auch nicht wissen. Vielleicht später einmal, wenn ich wieder zurück bin und festen Boden unter den Füßen habe.

Am nächsten Tag verkündet der Kapitän, dass er seinen „Slop-Chest" öffnet. Das ist seine „Schatzkammer", sein Bordladen, in dem Zigaretten, Getränke und einige andere Artikel zum Kauf angeboten werden. James teilt uns mit, dass man dort heute alles erwerben kann, nur keine alkoholischen Getränke. Ein Wasserfall der Entrüstung bricht da aus Mary hervor: „Whyyy does he then open the Slop Chest?" Zum Piepen. Und das Schönste daran: Mary erzählt, als sei es die nebensächlichste Nebensache der Welt, dass sie einen ganzen Kasten Gin in ihrer Kammer habe! Aber Mary hat ihren Senf dazu gegeben, in den höchsten Tönen geflötet und scheint nun mit sich sehr zufrieden zu sein. Köstlich diese Menschen hier an Bord! Übrigens, später, nach der Öffnung des „Shops", keine Spur davon, dass man keinen Alkohol kaufen darf!

Wir hören, dass der Kapitän manchmal wirklich etwas von Mary genervt ist. Aber er ist viel zu höflich, um ihren Fragen auszuweichen oder ihr einen Wunsch nicht sofort erfüllen zu wollen. Er unterhält sich geduldig mit ihr, auch wenn es ihn möglicherweise überhaupt nicht interessiert. In solchen Momenten erinnert er mich an den Kapitän eines Kreuzfahrtschiffes: immer einer Meinung mit den Passagieren, immer freundlich, immer Smalltalk, und nicht vergessen: Immer lächeln!

Wenn es draußen dunkel wird und nicht viel Interessantes zu sehen ist, haben wir oft Besuch in der Kabine. Kalle, ein junger Mann der RICKMERS-LINIE, der den Bordbetrieb einmal hautnah erleben und uns bis Genua begleiten soll, ist fast jeden Abend hier und wir erzählen uns etwas oder spielen gemeinsam Karten und haben dabei viel Spaß. Auch der Chief Cook, der uns gegenüber wohnt, schaut von Zeit zu Zeit einmal herein. Seit zwei Tagen gesellt sich auch Ella ab und zu zu uns.

Das Kartenspielen mit Ella ist chaotisch, aber wir amüsieren uns. Später schlägt sie vor „Stadt, Land, Fluss“ zu spielen und überrascht uns mit den tollsten Bezeichnungen von Städten oder Flüssen aus ihrer ungarischen Heimat. Niemand kann es kontrollieren und natürlich glauben wir ihr jede Bezeichnung. Sie ist selig, wenn sie uns erklären kann, in welcher Region Ungarns sich der Ort mit dem unaussprechlichen Namen Körösnagyharsany befindet.

Ella hat immer irgendwelchen Taschen, Tüten oder anderen Behälter bei sich. Zu uns hat sie heute eine Plastiktüte mit Teetasse und Holzgestell, sowie eine Packung Eisenkraut-Teebeutel mitgebracht. Zu vorgerückter Stunde trinken wir dann Bier, Ella war nur zu einem „wenzigen Schluck“ bereit. Danach bittet sie uns um heißes Wasser für ihren Tee und ungewohnte Eisenkrautduftwolken durchwehen unsere Kabine. Mindestens viermal kramt sie ihre Teebeutel-Packung heraus und betrachtet sie so interessiert, als wenn sie sie das erste Mal sehen würde. Es ist einfach lustig. Ja, so sind wir hier: freundlich miteinander, alle haben ihr Vergnügen und es herrscht eine richtig gute Stimmung.

Genua bis Singapur

Von der Nock aus sehen wir die sich allmählich abhebenden Silhouetten der Berge Italiens vor einem heller werdenden Himmel. Wir fahren in eine große Bucht hinein. Ein Lotse kommt an Bord und wir werden von zwei Schleppern in den Hafen von Genua gezogen. Ganz schön eng hier. Mit viel Sachkenntnis wird unsere große RICKMERS HOUSTON vorsichtig in ein „winziges" Hafenbecken bugsiert. Wir staunen sehr bei diesen engen Manövern.

Einfahrt nach Genua

Außer dem Immigration Officer betreten noch andere Leute das Schiff. So auch ein Schiffsausrüster, bei dem die Passagiere ihre

Anliegen ordern können, z. B. italienischen Wein und Weißbrot, Gin, Tonic Water und Bitter Lemon und „a new ice bucket“ für Mary, die ihren mit dem inzwischen abgerissenen Henkel nicht mehr benutzen will.

Der Lotse kommt

Alles hat hier Zeit und dauert. Noch wissen wir nicht, wie lange das Schiff im Hafen bleiben wird und wie lange wir von Bord gehen dürfen. Unterwegs hieß es, dass wir nur ein paar Stunden bleiben würden. 600 Tonnen neue Ladung aufzunehmen, das könnte schnell gehen. Aber es hieß auch, dass wir heute Morgen um 6 Uhr in Genua eintreffen sollten. Später dachte man laut über 8 Uhr nach und es wurde dann fast 10 Uhr. Die Zeit schleppt sich dahin und wir sitzen, ausgerüstet mit Fotoapparat und Rucksack, in der Lobby am Tresen herum und warten. Der Kapitän, der wieder aus Hamburg eingeflogene Supercargo, die Offiziere und Seeleute rennen geschäftig hin und her. Die Mittagszeit rückt näher und wir sitzen noch immer an Bord. Frankie, unser Koch, hat wieder Tolles zubereitet: Calamari paniert, dazu Spinat, einfach Klasse!

Während des Essens bekommen wir dann unsere Pässe, die einen Zettel enthalten, unseren „Passierschein“ für das Freihafentor, denn am gleichen Tag aus dem Freihafen aus- und wieder einreisen, das bedarf - natürlich - einer speziellen behördlichen Erlaubnis. Genauso natürlich werden wir überhaupt nicht nach diesem Zettel gefragt und genauso natürlich brauchen wir auch niemandem unseren Pass und den „Passierschein“ zu zeigen.

Es ist gerade Siesta und deshalb nicht viel Verkehr auf dem Kai, nur auf den Straßen müssen wir höllisch aufpassen. Autofahrergepflogenheiten gibt es hier! Mann o Mann! Oder soll ich lieber „Mama Mia“ sagen? Auch hier haben Fußgänger im Hafengebiet eher Seltenheitswert und Gehwege sind natürlich eine Fehlanzeige.

Unsere neue Fracht

Nach etwa 20 Minuten schnellen Gehens erreichen wir das „Gate“. Ein Taxi bringt uns in die City. Hier, in Kolumbus’ Geburtsstadt, in der Nähe des Segelhafens und der Altstadt bummeln wir an stuckverzierten und hübsch bemalten alten Häusern entlang und unternehmen eine Stadtrundfahrt im Minibus.

Genua quetscht sich an einen schmalen Uferstreifen. Gleich hinter der Stadt beginnt das Apennin-Gebirge, deshalb gibt es große Steigungen zu bewältigen. Oben eröffnet sich uns ein wunderschönes Panorama mit alten Palästen und blühenden Gärten voller Steinfiguren bis hinunter zum Hafen. Die Häuser leuchten in warmen gelb-orange-roten Farben und zwischen ihnen verlaufen winzige Gässchen.

Mit dem Linienbus kommen wir abends zurück in den Hafen. Der Ladebetrieb ist noch in vollem Gange. Der „Porto“ ist durch eine hohe Mole geschützt, hinter der die einzelnen Hafenbecken ins Land gebaut sind.

Beim Ablegen ist es inzwischen kalt geworden, ein eisiger Wind bläst und manchmal regnet es ein wenig. Bis zum vorletzten Kai werden wir rückwärts gezogen und dort im Becken gewendet. Es ist schon eine aufregende Angelegenheit, solch ein riesiges Schiff zu drehen, und der Wind treibt es beträchtlich zur Seite. Ich habe nun während dieses Manövers den absoluten Spitzenplatz auf dem Schiff, denn da das Schiff rückwärts gezogen wird, habe ich den Blick aus den Achterfenstern meiner Kabine nach vorn. Es ist, als stünde ich auf einer Brücke, die sich direkt am Bug befindet. Ich knie zudem noch gemütlich auf einem Bett und meine Unterarme kreuzen sich auf dem Fenstersims. Einfach genial.

Langsam entschwindet Genua am Horizont. Spätnachts passieren wir Korsika. Die Straßenlampen wirken wie weiße, um die Berge gelegte Perlenschnüre. Bald sind wir wieder mutterseelenallein auf dem Meer, kein anderes Schiff ist zu entdecken. An dieses Gefühl muss ich mich erst noch gewöhnen: Manchmal hinterlässt es ein bisschen Einsamkeit, aber meistens ist es wunderbar, etwas irreal.

Am nächsten Vormittag befinden wir uns ca. 80 km westlich von Rom. Das Meer ist nur leicht bewegt und das GPS zeigt 14,9 Knoten als Geschwindigkeit.

Ron hat unsere Kabine schön sauber gemacht. Einmal in der Woche kommt er und bezieht die Betten, bringt Handtücher, wischt und saugt. Wunderbar, das gefällt mir sehr!

Auf der Brücke der RICKMERS HOUSTON

Abends schaue ich mich in Ruhe auf der Brücke um. Inzwischen kenne ich mich ein wenig besser aus und es ist nicht mehr alles so verwirrend. Ich lenke meine Blicke auf diverse Papiere und schaue in Seekarten, aus denen ich täglich mehr herauslesen kann. Im Logbuch erkenne ich aus den laufenden Eintragungen unsere

Position, Windstärke und -richtung, Geschwindigkeit und vieles mehr. Windstärke heute: erholsame vier Beaufort.

Der Offizier erzählt uns, dass er während des Sturmes immer wieder in die Laderäume gestiegen ist, um zu prüfen, ob die Ladung noch gut verzurrt und gelascht war. Dieser Job ist bei dem Seegang lebensgefährlich. Alles scheint nicht an seinem ursprünglichen Ladeort geblieben zu sein, denn ich höre Worte wie Seeprotest und Seegericht. Hoffentlich kommen wir nie wieder in solch eine schlimme Lage! Mir war nicht bewusst, in welcher Gefahr wir uns befunden haben. Ich bin froh darüber und bekomme jetzt noch weiche Knie, wenn ich nur daran denke.

In der Nacht passieren wir die Straße von Messina zwischen dem italienischen Festland und Sizilien. Es ist Neumond. Die Sterne nutzen die Gelegenheit und zeigen sich in voller Schönheit am Himmel und sogar auf dem Wasser. Der Sirius funkelt rot und grün. Es ist traumhaft schön. Solch einen Anblick bekommt man bestimmt nicht oft geboten.

Orte mit wunderschön klingenden Namen ziehen an uns vorbei: Cap Vaticano, Villa San Giovanni, Reggio Calabria, Golfo di Gioia ... Überall blinken nun die weißen, roten und grünen Leuchtfeuer, die den Schiffen ihren Weg weisen. Einmal entdecke ich sogar ein blaues Licht. Aber das ist die „Polizia“, die sich eilig auf einer Straße am Berg einen Weg sucht.

Der Kapitän öffnet die Tür von der Brücke, stellt sich neben uns und schimpft über die Beamten. Er hat mehr als 40 mal die Straße von Messina durchquert und darf trotzdem nicht ohne Lotsen hindurch. Bei einem Gesamtladegewicht bis zu 20.000 Tonnen darf man ohne Lotsen passieren, wir aber haben über 23.000 Tonnen. „I have to slow down the machine! Reglementazione! Administrazione!“, höre ich ihn brummen.

Am Nordzipfel von Sizilien ändern wir den Kurs. Hinter den Bergen taucht die geschichtsträchtige Stadt Messina auf. Wie schön für uns, dass die großen Kathedralen sogar mitten in der Nacht in grellem Scheinwerferlicht erstrahlen. Hier in der „Stretto di Messina" herrscht reger Verkehr, vor allem Fähren brausen in großer Anzahl von Sizilien zum Festland und zurück.

Der Lotse verlässt uns schon nach einer halben Stunde wieder. „Buona notte, buona notte, grazie", und schon meldet sich der Lotse auf der Kommandozentrale ab und klettert das Fallreep hinunter zu seinem Boot, das rundherum eine Festhaltestange für ihn hat. Winzig klein erscheint er mir. Mit erfahrenen Handgriffen eilt er zielstrebig zur Kajüte und das Schiff verschwindet schnell in der Dunkelheit.

Wir schauen noch eine Weile zu den Lichtern von Messina herüber, gehen dann, durchgefroren, aber glücklich, dieses Schauspiel gesehen zu haben, endlich in unsere Kabine und wärmen uns unter der heißen Dusche auf. Die Uhr zeigt vier Uhr fünfzehn, als wir wieder in unsere Koje kriechen und die Lichter des Festlandes langsam hinter uns verlöschen.

Bei Tagesanbruch heben sich die Konturen des Landes nur noch schemenhaft vom Himmel ab und der von ausgeglühter, heller Lava bedeckte Ätna versinkt langsam am Horizont.

Im Laufe des Tages entdecken wir Kreta mit seinen schneebedeckten Bergen und kurz darauf zwei vorgelagerte Inseln: Gávdhos, die etwas größere, die bis zu einer Höhe von 460 m aus dem Meer ragt und die klitzekleine Insel Gávdhopoula. In der Apostelgeschichte werden diese Inseln als Zufluchtsstätte von Paulus während eines Sturmes erwähnt.

Passagiere auf der Nock, Kreta im Hintergrund

Am Bug liegen die dicken Festmachertampen zum Trocknen und im Bugkorb ist ein mit neuer Farbe hübsch grün angemalter Scheinwerfer montiert. Es ist Vorschrift, solch eine Lichtquelle im Suez-Kanal zu haben. Die Seeleute sind fleißig und verteilen Farbe auf dem Schiff. Seit mehreren Tagen wird gelb gemalt, seit gestern sogar auch rot.

Hier an Bord zerbrechen sich einige von den Passagieren den Kopf darüber, ob wir in zwei Tagen die Pyramiden in Ägypten besichtigen können. Über eine RICKMERS-Agentur wurde uns ein Angebot für einen Ausflug gemacht, während das Schiff den Kanal passiert. Wahrscheinlich müssten wir in Port Said aussteigen und in Port Suez wieder an Bord gehen. Der Suez-Kanal wird in Konvois durchquert und es hängt nun sehr davon ab, welchen Konvoi wir erwischen, den Tages- oder den Nachtkonvoi, und wie viele Schiffe schon auf die Durchschleusung warten. Ich würde genauso gern an Bord des Schiffes bleiben. Wann fährt man schon einmal mit einem Frachtschiff durch diesen Kanal? Zu den Pyramiden kommt man immer noch einmal. Nun gut, lassen wir uns überraschen, was passiert.

Die Überraschung aber passiert erst einmal in einer anderen Art als angenommen. Bisher haben wir nur das Fax der RICKMERS-Agentur von einem Kapitän Mr Hamdullah gesehen, der eine Tour offeriert und als Preis „very cheap“ nennt. Hört sich gut an. Aber was steckt tatsächlich dahinter? Erhard und ich sind nicht die Einzigen an Bord, die schon einmal in einem arabischen Land zu Gast waren. Was dort „cheap“ heißt, muss in unserem deutschen Sprachverständnis noch lange nicht „billig“ sein.

Marcel kommt in unsere Kabine und berichtet, dass er beim Kapitän nach dem Preis gefragt, der aber nur die Achseln gezuckt habe. Ella war ebenfalls beim Kapitän, weil sie sich auch für den Ausflug interessierte. Die beiden haben darauf bestanden, dass der Kapitän Mr Hamdullah anruft und nach dem Preis fragt. Resultat: 1.500 US-Dollar für alle sechs Passagiere. Die Folge: Entsetzen!

Marcel ist böse und teilt uns verärgert mit: „Zu diesem Preis werde ich nicht mitfahren. This is ridiculous! Do they think, we are all millionaires?!“ Im Übrigen habe er schon Ella gefragt, ob sie mit diesem Angebot einverstanden wäre. Antwort: „Never.“ Marlene: „Never.“ Mary: „Never.“ „So it is up to you. Do you agree?“ Unsere Antwort, na klar: „Never.“

Unser Franzose geht zum Kapitän und sagt ihm, dass wir höchstens einhundert US-Dollar pro Person bezahlen würden. Der Kapitän tobt. Er hätte schon so viel Arbeit mit diesem Ausflug für uns Passagiere gehabt, Faxe geschickt, Telefonate geführt, unsere Passnummern mitgeteilt, alles, alles sei erledigt und nun wollten wir nicht mitfahren! Unglaublich! Er regt sich schrecklich auf. Ella meint, der Kapitän sei „nicht gut drauf“. Das trägt natürlich keinesfalls zu einer sachlichen Diskussion bei. Mary hört die lauten Stimmen und mischt sich in das Gespräch ein. Gut, dass wir ein Deck tiefer wohnen, und so nur aus einer gewissen Distanz erleben, was dort oben alles passiert.

Es dauert nicht lange und Ella erscheint in unserer Kabine. „Wisst ihr, was passiert ist?“, und bevor wir antworten können, erzählt sie uns die ganze Geschichte noch einmal. Wir sind uns darüber einig, dass hier nur ein Gespräch mit allen beteiligten Personen Klarheit bringen kann und nicht ein Erzählen um drei Ecken herum. Ich mache mich auf, Mary zu uns herunterzuholen. Marcel ist bereits eingetroffen. Aber als ich die Treppe zu Marys Kabine hinaufsteige, höre ich sie mit dem Kapitän diskutieren. Da will ich nicht stören!

Es gibt ein ziemliches Hin und Her. Plötzlich klingelt unser Telefon und Erhard wird zum Kapitän gebeten. Für mich ist das eine Erleichterung, denn ich weiß, dass Erhard mit solchen Situationen gut umgehen kann und immer einen guten, für alle befriedigenden Weg aus derlei verfahrenen Situationen weiß. Trotzdem beneide ich ihn nicht um diesen Gang, denn eigentlich wollen wir ja unseren Urlaub genießen und keine Probleme lösen.

Letztendlich stimmen alle sechs Passagiere dem Ausflug zu und Mary trägt selbst, des lieben Friedens willen, für diejenigen, die nicht bereit sind, den hohen Preis zu zahlen, die Differenz. Erhard will das nicht annehmen und bezahlt den vollen Betrag, auch, um den Frieden an Bord zu erhalten, das Gesicht des Kapitäns zu wahren und ihn nicht zu verstimmen. Denn was würde in den folgenden Häfen passieren? Wir sind auf ihn angewiesen. So sehen wir dem kommenden Tag mit gemischten Gefühlen erwartungsvoll entgegen.

Am nächsten Morgen: „Nazzel-daraj-elbachera-lekaj-astatie-alsouod-ela-elbachera“ und noch viel mehr in voller Lautstärke vorgetragene arabische Schimpftiraden dringen durch die Nacht zu unserem Schiff herüber. So beginnt dieser Morgen! DAS wird ein Tag, goodness me! Ich bin ziemlich erledigt! Es ist inzwischen elf Uhr abends und wir sind gerade von einem äußerst abenteuerlichen Trip durch Ägypten zurückgekehrt.

Was ist passiert? Seit sechs Uhr morgens stehen wir weisungsgemäß in der Lobby Stand-by, denn unsere Pyramidentour soll nun doch stattfinden. Viele Schiffe umrunden unsere RICKMERS HOUSTON und eine unzählige Menge Leute wollen ein- und aussteigen und erklettern in abenteuerlichen Uniformen unsere Gangway, ebenso Händler, die hier an Bord Papyrusbilder und andere landesübliche Souvenirs anbieten wollen. Von unserem „Wassertaxi“ allerdings ist nichts zu sehen.

Nach etwa eineinhalb Stunden Warten sichten wir ein kleines Boot neben uns, auf dem ein wild gestikulierender, laut lamentierender und seine wichtig aussehende Aktentasche schwenkender Ägypter die merkwürdigsten Zeichen zum Schiff herübersendet. Mit seinem Auftritt bringt er unsere kleinen Filipinos total durcheinander und schon bald schauen alle nervös über die Bordwand. Keiner weiß so recht, was er machen soll, denn ohne Anweisung vom Kapitän kann man hier an Bord nichts unternehmen, auch wenn der kleine Mann auf dem „Wassertaxi“ immer lauter und ärgerlicher fordert, dass endlich, endlich! die Gangway auch für ihn heruntergelassen werden soll, damit die Passagiere auf sein Boot umsteigen können. Erst stellt man sich blind, dann taub, dann schaut man gelangweilt zur Seite und irgendwann wird unserem Bosun, dem Vorarbeiter der Decksbesatzung, das Geschrei zu viel und er brüllt genervt „One moment!!!!“ zurück. Endlich hat man das Okay vom Kapitän erhalten und die Gangway wird so weit heruntergelassen, dass der schreiende Mann auf unser Schiff stürmen kann. Mein Herz rutscht in die Hose. Worauf haben wir uns nur eingelassen? Er saust schnurstracks zum Kapitän, während er uns im Vorüberflitzen barsch anweist, in sein Boot zu steigen. Ich folge seiner Aufforderung schulterzuckend und eingeschüchtert. Sehr wohl ist mir nicht, denn wir wissen nicht einmal, wer dieser Mann ist! Aber von den anderen Passagieren und auch von Erhard kommen keine Rückfragen. Also steigen wir alle in das kleine Boot.

Wassertaxis im Suez-Kanal

Dazu muss ich erwähnen, dass unser Schiff keinesfalls an einem Kai oder an einer Mooring still vertäut liegt, sondern mit mehreren Knoten Fahrt dem Eingang des Suez-Kanals bei Port Said entgegensteuert. Das heißt, wir müssen bei dieser Geschwindigkeit von einem Boot zum anderen überwechseln. Zum zweiten Mal rutscht mir das Herz in die Hose. Das Boot schwankt beträchtlich und man muss genau den richtigen Zeitpunkt zum Überwechseln abpassen. Der Kapitän des kleinen Schiffes drückt sein Boot dicht an unsere Bordwand, damit keine Lücke entsteht. Zwei starke Arme halten mich am Ende unserer Gangway fest und schwupps bin ich dann auch drüben, noch bevor ich mich umsehen und noch mehr Angst bekommen kann. Ein Glück! Als alle sechs Passagiere und der aufgeregte Mann lebend das Manöver überstanden haben, dreht das Boot ab und der Ägypter stellt sich uns endlich vor: Es ist Kapitän Hamdullah, der uns „very cheap“ die Pyramiden zeigen will.

Nach dem glücklichen Überstieg auf das schaukelnde Schiff geht es also hinein in den Hafen von Port Said und unsere gute RICKMERS HOUSTON dampft davon. Unser schönes, großes, uns inzwischen so vertraut gewordenes Zuhause! Weg ist es!

RICKMERS HOUSTON im Suez-Kanal

Und nun? Ob unsere Entscheidung für den Ausflug wohl richtig gewesen ist, schlich es mir durch den Kopf. Nach einigem Geschaukel durch die Bug- und Heckwellen von zahlreichen Schiffen im Konvoi stoppen wir an einem Kai. „Your passports, please!“ Schon springt der aufgeregte Mann an Land und entschwindet mit all unseren Original-Pässen im ägyptischen Getümmel. Wir müssen an Bord bleiben. Ich traue mich nicht, in den Gesichtern der anderen nach deren Befinden zu forschen. Mir jedenfalls ist etwas unheimlich zumute. Mein Gott, bin ich froh, dass ich Erhards Rat befolgt habe und von unseren Pässen wenigstens eine Kopie eingesteckt habe!

Die beiden Ägypter, die sich mit uns auf dem kleinen Schiff befinden, sehen nicht besonders vertrauenserweckend aus. Der eine ist in schwarze Wolltücher gehüllt. Das Weiß seiner Augen blitzt gereizt aus dem dunklen Gesicht, weil er mit seinem Boot nicht am Kai festmachen darf, sondern draußen im Wasser auf die Erlaubnis dazu warten muss. Ständig wird sein Schiffchen hin- und hergetrieben, er muss um viele Schiffe herumkreisen und ihnen ausweichen. Das stimmt ihn anscheinend nicht gerade fröhlich. Der zweite Mann ist sehr gedrungen und wir sehen von ihm eigentlich nur seinen breiten Rücken, der in einer zerschlissenen Jacke steckt, und den verschlissenen Hosenbund. Sein warmes Hemd kann an einigen Stellen den dicken Körper nicht mehr bedecken, sodass ein undefinierbares Unterzeug darunter hervorschaut. Zum Glück ist die Sonne noch nicht aufgegangen und wir müssen nicht alles von dem ganzen Elend sehen! Die beiden Männer reden lautstark aufeinander ein. Ihr Gespräch wird immer heftiger und es dauert nicht lange, bis sie sich offen streiten. Ich denke mir: Wenn die beiden sich nun darüber unterhalten, ob sie uns nicht lieber entführen und gegen ein gutes Lösegeld zurückgeben sollen? Wir wären ihnen ausgeliefert und völlig hilflos. Eine absolut blöde Situation! Evelyn, nicht daran denken! Mein Herz sackt schon wieder in die Hose! Eigentlich fühlte ich mich früher nie besonders ängstlich. Werde ich etwa älter? Was ist bloß los mit mir? Aber eine derartige Situation habe ich in meinem Leben auch noch nie erlebt.

Endlich erscheint unser Kapitän Hamdullah wieder und hat auch unsere Pässe in der Hand! Er springt an Bord und überredet den Kapitän loszufahren. Das ist in diesem Land absolut unmöglich, ohne dass dafür ein paar US-Dollars, Zigaretten oder anderes Bakschisch den Besitzer wechseln. Nun gut, der Kapitän fährt uns zum gewünschten Ort.

Ich sehe mir meine Umgebung näher an. Im Licht der Dämmerung taucht die Stadt auf. Alles wirkt grau und gelb, nur einige übermütige Menschen haben hier und da ein paar Fensterrahmen lila angestrichen. Vieles ist verfallen, Verfallenes ist nicht repariert, Repariertes nur halb fertig. Zerbrochene Türen, zersprungene Fensterscheiben, zerborstene Reklametafeln. Alles wild, verrostet und unansehnlich durcheinander! Die Menschen scheinen an diesem Morgen alle dunkle Kleidung zu tragen und sehen genauso finster drein. Kapuzen dicht ins Gesicht gezogen, viele Frauen sind verschleiert.

Nun dürfen wir aussteigen und ich betrete zum ersten Mal in meinem Leben ägyptischen Boden. Wir sind noch gar nicht richtig an Land, als es schon wieder heißt: „Show your passports, please!“ Also werden wieder die Ausweise gezeigt, wieder wechseln einige US-Dollarnoten den Besitzer und wir dürfen weitergehen. Immerhin bis zu einer großen Halle, vor der gerade jemand den Müll wegfegt. Dort warten wir auf den Officer, der dann schon wieder unsere Pässe sehen will und ebenso den Inhalt unserer Taschen.

Zwei bereitstehende Taxis warten auf uns. An Bord wurde uns avisiert, wir würden einen „trip with air-conditioned bus, breakfast, dinner, lunch, visa and voyage to the pyramids and even to the museum“ geboten bekommen. Nun, lassen wir uns überraschen!

Statt des Busses haben wir jetzt zwei - leider nicht - klimatisierte Taxis. In dem einen fahren Mary, die das ganze Reisegeld in ihrer Tasche transportiert und diese verständlicherweise immer dicht am Körper trägt, Marcel und Marlene, die darauf besteht, zusammen mit Mary in einem Taxi zu fahren. Marlene ist fast 80 Jahre alt, erstaunlich fit, aber halt auch manchmal etwas starrköpfig und grobklötzig. Jedenfalls ist Ella ein bisschen gekränkt, als Marlene ihr verständlich macht, dass sie Mary als Mitfahrerin wünscht! Nun ja, des lieben Friedens willen und sicher auch aus Respekt vor Marlenes Alter kommt Ella mit zu uns ins Taxi, in das sich dann auch noch Mr Hamdullah quetscht. Weder Ella noch ich gehören zu den schlanksten Menschen dieser Erde und Ella, wie es so ihre Art ist, hat noch allerlei Gepäck bei sich, das ebenfalls verstaut werden muss. Ich bin hinten in der Mitte ziemlich eingequetscht. Gut, dass wenigstens meine Beine kurz sind! Zwei Mal müssen wir noch die Ausweise zeigen. Jedes Mal wechseln wieder Geldnoten von Hand zu Hand.

Endlich sind wir aus all diesem bürokratischen Allerlei heraus. Der aufgeregte Mr Hamdullah wird zunehmend ruhiger und entpuppt sich mehr und mehr als wirklich netter Mann. Seine Erregung lässt sich darauf zurückführen, dass er innerhalb der knapp bemessenen Zeit von rund 12 Stunden uns alle zusammen sicher von Port Said nach Kairo, zu den Pyramiden, zurück in die City zum Ägyptischen Museum und dann wieder rechtzeitig nach Port Suez auf unser Schiff bringen muss. Bei den vielen Unwägbarkeiten in diesem Land ist das ein mutiges Unterfangen und, wie sich im Laufe des Tages ein paar Mal herausstellen soll, auch eine Aufgabe, um die ich Mr Hamdullah wahrhaftig nicht beneide. Seine Nerven werden noch auf eine harte Probe gestellt werden.

Ich habe schon Autofahrer in Brüssel und in Tunis, in Moskau und in Genua erlebt, aber all das ist nichts gegen die Autofahrer in Ägypten. So etwas ist schier unglaublich! Auf den Landstraßen von Port Said bis zu den ersten Häusern von Kairo kann man einiges noch kopfschüttelnd ertragen, auch wenn hier jeder fährt, wie es ihm gerade passt. Man überholt rechts oder links, oder, wenn es nicht anders geht, dann hupt man ununterbrochen und fährt einfach in der Mitte zwischen zwei Autos hindurch. Wenn der Abstand zu gering ist, so what, dann werden halt die Außenspiegel eingeklappt! Mit traumwandlerischer Sicherheit wird mit einem Affenzahn auf den breiten Straßen gefahren, die teilweise fünf Spuren haben. Aber warum, warum um alles in der Welt, soll die Straßenbreite auf fünf Bahnen begrenzt bleiben, wenn es doch möglich ist, zu siebent nebeneinanderher zu fahren? Das ist einem

Ägypter total uneinsichtig und deshalb eine nicht beachtenswürdige Vorschrift.

Ach ja, und dann ist da noch eine rote Ampel vor einer Kreuzung. Niemand, außer den Ägyptern, entdeckt in diesem Wahnsinnsgewusel auch noch einen Polizisten. Die Autos fahren mindestens drei Autolängen über die rote Ampel hinaus und die Fahrer schauen zum Ordnungshüter. In dem Augenblick, wenn seine Hand sich auch nur in die Richtung seiner Pfeife bewegt, brausen die Autos los. Wild hupend, denn jeder, aber auch jeder, hat hier einen Ton von sich zu geben. Mit Tempo 80 geht es in die Kurve, auch wenn die Geschwindigkeitsbegrenzung wesentlich niedriger liegt. Auf der Straße bei dieser Geschwindigkeit von ganz rechts nach ganz links zu wechseln, ist überhaupt kein Problem: Man fährt einfach. Die anderen werden schon aufpassen. Und natürlich: hupen! Bloß nicht vergessen zu hupen! Dazwischen springen dann noch Fußgänger durch die Reihen der Fahrzeuge. Millimeter von ihrem sicher scheinenden Tode entfernt, passieren sie die nie enden wollende Autoschlange. Zebrastreifen, Brücken oder gar Fußgängerampeln scheinen überflüssiger Luxus zu sein. Niemals würde ich solch eine Straße überqueren! Wahrscheinlich würde ich eher am Straßenrand verhungern!

Sogar Schulkinder laufen über die Straße. Und die Oma mit ihrem flatterten Gewand, die wegen des Gesichtsschleiers doch überhaupt nicht sehen kann, ob ein Auto sich nähert. Unglaublich! Die Autos nehmen keine Rücksicht. Es wird halt gehupt und die Beine der Passanten müssen flitzen oder büßen! Mir wird fast schlecht da hinten im Auto! Wie wohl Erhard vorne zumute ist? Ein Glück, dass ich nicht alles sehen muss?! Unser Fahrer hebt nur gelangweilt die Hand und sagt: „This is normal!“ Für mich ist hier absolut nichts normal!

Ist es denn zu glauben, was ich da erblicke? Tatsächlich, mitten auf einer Brücke steht ein Auto am Rand und wechselt den Reifen. Nicht etwa rechts, nein, links auf der Fahrbahn! Werkzeug auf dem Boden verteilt und den Hintern halb abgefahren überlegt man, ob es noch etwas zu retten gibt. Und dann da vorne, was ist denn das? Da ist doch tatsächlich jemand mit dem Fahrrad unterwegs, hat mindestens zehn ca. zwei Meter hohe „Blumenständer“ gehalftert und ackert sich durch diesen Verkehr hindurch! Wellblechwände und brusthohe Zäune begrenzen manche Straßen. Aber wozu wird das gemacht? Dazu, dass man darüber hinwegsteigt, ein Wellblechteil herunterbiegt oder unten durchkrabbelt und auf die Straße springt!

Es gibt auch öffentliche Verkehrsmittel: Busse, total überfüllt, aber immer wieder hüpft jemand vom Straßenrand zum Bus und will sich noch an einen Haltegriff klammern. Manchmal hat er Glück, wenn ein anderer herausspringt. Die Autos nehmen natürlich keine Rücksicht auf die scheinbar nie haltenden Busse. Im Gegenteil, wenn der Verkehr auf der Straße stoppt, nimmt man den kurzen Umweg über den Busbahnhof. Wen stört es, dass die Menschen dort, Kummer gewöhnt, eilig zur Seite springen? Manchmal ist die Fahrbahn auch eingeengt. Warum? Weil gerade ein mit Mineralwasser oder frisch gebackenen Brezeln hübsch dekoriertes Fahrrad mitten auf der Straße die vorbeirasenden Autofahrer zum Kauf animieren möchte. Ist das nicht ein eigenartiger Service?

Nee, so etwas ist wirklich unbegreiflich und ich versuche mich mehr auf die Umgebung als auf die Straße zu konzentrieren. Schrecke nur noch manchmal auf, wenn wieder jemand gerade noch mit seiner Hand auf unserem Kotflügel den Absprung zur Seite schafft oder ich reflexartig die Luft anhalte, weil ich aus den Augenwinkeln heraus sehe, wie sich gerade rechts und links von uns Fahrzeuge gleichzeitig begegnen! Natürlich passiert nichts und der Taxifahrer hat auch sowieso sein Telefon in der einen Hand und tippt eine Nummer ein. Die Hörmuschel hängt als kleiner Knopf im Ohr. Mit der anderen Hand wechselt er gerade die Musikkassette. Augen zu! Nur nicht hinsehen! Ich muss mich endlich auf etwas anderes konzentrieren!

Kairo ist eine Stadt mit etwa 16 Millionen Einwohnern, Hamburg hat im Vergleich dazu 1,7 Millionen. Je näher man der Stadt kommt, desto schlimmer wird mein Eindruck. Nur Häuser, kaum ein Baum oder etwas, was nicht grau, gelb oder ockerfarben staubig aussieht. Erst als wir uns der Innenstadt nähern, tauchen große, schöne Gebäude und einige Beete und Bäume auf. Meistens sind es Hotels oder große Firmen. Uniformierte sind allgegenwärtig. Viel Militär und andere Aufpasser, die in Wachttürmen sitzen und ihre Maschinengewehre zeigen. Sie bewachen Enklaven, die mit einer zwei Meter hohen Mauer umgeben sind.

Genauso pulsierend wie auf den Straßen geht es auf den Gehwegen zu, die wimmeln von Menschen. Die Läden bieten in bunten, grellen Farben ihre Ware feil. Es sind wirklich unzählbare neue Eindrücke, die da auf mich niederprasseln.

Nach der Hälfte der Strecke zwischen Port Said und Kairo wechselt Mr Hamdullah das Taxi, um auch mit seinen anderen Kunden in Kontakt zu kommen. Bei dieser Gelegenheit überreicht er uns einen Breakfast-Karton mit einem Stück Kuchen, einem Croissant und einer Fruchtsaftpackung. Nun haben Ella und ich hinten etwas mehr Platz. Ella beginnt, ihre Sachen um sich herum auszubreiten. Kaum zu glauben, was da alles aus ihrem Rucksack herauskommt! Etliche bunte Plastikbeutel liegen bald auf dem Rücksitz. Dann wird es ihr allmählich warm und sie zieht ihre erste dicke Jacke aus und holt eine dünnere Stoffjacke heraus. Aber es dauert nicht lange, bis auch diese zu warm wird, und kurz darauf landet sie und dazu der erste dicke Wollpullover auf dem Sitz neben ihr. Ich bin wirklich erstaunt darüber, wie viele Schichten sich darunter verbergen. Niemand soll denken, dass nun mit dem Ausziehen Schluss wäre: Unter dem warmen Wollpullover erscheint ein weiterer Pullover und darunter doch tatsächlich noch eine Bluse! Ella ist also ständig beschäftigt. All diese Textilien verschwinden in den Plastiktüten, die dann wiederum in andere Plastiktüten gestopft werden. Dann kramt sie eine weitere Tüte hervor und trinkt an jeder Ampel einen Schluck Wasser. Und immer alles schön wieder zurück in die Tütchen von den Tütchen! In den Trinkpausen kommen neue Tütchen zum Vorschein: Eine enthält Creme, die sie in ihrem Gesicht verteilt; aus einer anderen zaubert sie ihre Sonnenbrille hervor, hinter der sie nun aussieht wie die Callas. Aus einer weiteren Tüte holt sie ihren Sonnenhut. Eigentlich haben wir an Bord des Schiffes abgemacht, dass wir alle die RICKMERS-Mützen aufsetzen wollen, die wir in Hamburg bekommen haben, damit Mr Hamdullah sich freut. Aber bei diesen sechs absoluten Individualisten kann man solch ein Ansinnen sofort wieder vergessen. Ella findet ihren roten Sonnenhut mit Krempe und drinnen gemustert viel schöner und Marcel trägt „generell" nur seine Schippermütze, Punkt! Das Gekrame von Ella macht Erhard vorne allmählich nervös und ich staune immer wieder leicht amüsiert, aber auch etwas befremdet über Ellas Aktivitäten.

Ihre Literflasche Wasser ist fast ausgetrunken, als sie den Fahrer das erste Mal um einen Halt bittet. Sie drückt sich nicht konkret genug aus und der Fahrer meint daraufhin, dass man in ca. 25 Minuten bei den Pyramiden sei. Ella ist sich nicht sicher, ob sie so lange warten kann. Es dauert folglich nicht lange, bis sie den Fahrer erneut bittet, anzuhalten. Vielleicht bei dem nächsten Hotel. Aber in dieser Gegend sind keine Hotels. Vielleicht in fünf Minuten, ist seine unsichere Auskunft. Aber so richtig ernst scheint er Ellas Problem nicht zu nehmen, denn er will offensichtlich nicht verstehen, was Ella drückt. Aber sie fordert ihn nun immer dringlicher auf, endlich zu halten, und zappelt schon beträchtlich auf ihrem Sitz herum. Es ist wie verhext, aber es zeigt sich wirklich nichts Adäquates.

Eine Tankstelle taucht auf. Dort soll er nun endlich halten. Er ist unglücklicherweise gerade in der vierten Spur und kommt erst bei der zweiten Tankstelle zum Halten, kurbelt das Fenster herunter und spricht einen jungen Mann an. Derweil steigt Ella schon aus. Der junge Mann zuckt bedauernd die Achseln und nun sehen sogar schon Ellas Augen wässrig aus! An der Ecke gegenüber entdeckt sie eine Bar und steuert darauf zu. Natürlich mit ihrem Rucksack! Diese Bar ist ein Kaffeehaus. Nur Männer sind darin und davor auf der Straße zu sehen. Die meisten rauchen Wasserpfeifen und spucken hin und wieder auf den Gehweg. Ella geht tatsächlich hinein! Der Taxifahrer fährt etwas unbeholfen, irritiert und von Ella unbemerkt hinter ihr her. Einen Augenblick später taucht sie wieder vor der Bar auf und geht zurück zur Tankstelle. Unser Taxifahrer rauft sich die Haare und sieht reichlich verzweifelt aus! Er steht an einer Straßenecke, an der er natürlich nicht halten darf, und zwei Meter neben ihm unterhalten sich zwei Polizisten! Blöde Situation! Er kratzt sich hinterm Ohr, stellt den Motor ab, lässt den Schlüssel stecken und versucht Ella in dem Gewühl der Menschen wieder zu finden. Bestimmt weiß er von Mr Hamdullah, der mit der anderen Taxe im unendlichen Gewühl Kairos verschwunden ist, dass er gut auf uns aufpassen muss. Wir können nicht genau verfolgen, was dann passiert. Jedenfalls kommt der Fahrer zurück, setzt sich hinter das Steuer und versucht nun rückwärts von der Straße und über die Straßeneinmündung auf die Tankstelle zu kommen. Ein ziemlich unmögliches Unterfangen. Aber was ist schon unmöglich in Kairo? Nun werden die Polizisten lebendig und kommen zu unserem Auto. Aus dem folgenden Redeschwall verstehe ich nur das Wort „Gasoline“. Wahrscheinlich hat der Fahrer den Polizisten vorgelogen, dass er unbedingt Benzin brauche. Nach bangem Warten erscheint Ella gottlob ziemlich erleichtert wieder vor dem Tankstellengebäude und die Fahrt kann weitergehen. Was Ella von der Toilette erzählt, möchte ich hier nicht wiederholen. Jedenfalls ist sie offensichtlich sehr orientalisch gewesen.

Auf dem weiteren Weg fragt Erhard den Fahrer, wie weit es noch bis zu den Pyramiden sei. „Only two minutes to go“, ist die Antwort. Das stimmt natürlich nicht, denn nach weiteren zehn Minuten Fahrt hält unser Taxi an einem Papyrus-Museum. Obwohl wir nicht darum gebeten haben, offeriert uns der Fahrer die Toiletten in diesem Hause. Wahrscheinlich will er nicht noch einmal solch ein Fiasko wie eben erleben. Drinnen werden wir sofort gefragt, woher wir kommen, auf Deutsch begrüßt und postwendend beginnt ein Vortrag über Papyrus. Erhard erklärt dann sehr höflich, dass wir eigentlich nur die „stillen Örtchen“ suchen. Gelächter überall und man führt uns in einen entlegenen Gang.

Als wir wieder herauskommen, geht der Papyrus-Vortrag sofort weiter. Ob das wohl alles so richtig ist? Etwas unsicher schauen wir zur Tür und endlich erscheint der Taxifahrer. Ja, es macht nichts, wir sollen uns nur alles schön ansehen, wir haben Zeit genug und die Leute würden uns gern alles zeigen, sagt er und lässt uns wieder allein. Nun ja, was sollen wir machen? Also hören wir uns geduldig den Vortrag an und jedes Mal, wenn ich es wage, meinen Blick auf die an der Wand hängenden wunderschönen Malereien und Schriftzeichen zu werfen, ernte ich einen vorwurfsvollen Blick vom Redner. Zu dumm, dass wir die einzigen beiden Besucher im ganzen Museum sind! Plötzlich kommt der Taxifahrer hereingelaufen, hält Erhard sein kleines Telefon hin und murmelt einen Namen, der sich so ähnlich wie „Freitag“ anhört. Erhard nimmt das Telefon, versteht aber nur Arabisch = Bahnhof.

Kurz darauf taucht unerwartet Mr Hamdullah auf. Auf welche wundersame Art und Weise hatte der uns gefunden? Aufgebracht und zornig will er von uns wissen: „Wer hat gesagt, dass ihr hier halten sollt? Wer?!“ Es ist beunruhigend, ich finde sein Benehmen unerhört und er schimpft reichlich grob mit dem Taxifahrer. Nun gibt es rundherum lauter geknickte Personen: wir, weil wir irrtümlich angemeckert werden, den Taxifahrer, weil er sich offensichtlich schuldig fühlt, es aber doch nur gut gemeint hat, und letztendlich lässt auch der Redner den Kopf hängen und räumt sein viel beschriebenes und zerwalztes Papyrusstückchen beiseite!

Nicht ohne weitere Ermahnungen an den Fahrer wird die Fahrt noch einmal weitere 20 Minuten fortgesetzt. Hinter großen Hotelbauten taucht die erste Pyramide auf. Welch ein Anblick! Die wartenden Führer springen auf das Taxi zu, um ihre Dienste anzubieten. Genauso bestimmt fährt unser Fahrer sie fast über den Haufen, um zu zeigen, dass er kein Interesse an ihnen hat. Schließlich hält er direkt vor einem Tor.

Mr Hamdullah und die anderen sind tatsächlich noch direkt hinter uns. Wir steigen aus und Mr Hamdullah schärft uns ein: „Do not talk with anybody!“ Marys entspannende Antwort lautet: „Except you“. Sofort umschwirren uns alle möglichen geschäftstüchtigen Händler. Ein Reiter, bekleidet mit einem wilden Umhang, galoppiert dicht neben uns, und will wissen, ob wir ein Foto von ihm machen wollen. Ein ausgemergelter Klepper, der einen Wagen ziehen muss, wird herangezogen. Er soll uns den Weg hinauf bis zu den Pyramiden transportieren. Und nun kommt auch noch der Kamelreiter heran und offeriert ebenfalls den Rücken seines Tieres und ein Foto. Weitere Händlerscharen bieten uns Bücher und Postkarten an. Mit Mr Hamdullahs Hilfe werden sie ein wenig auf Distanz gehalten und wir gehen zu Fuß den Weg hinauf zu den Grabgebäuden.

Drei große Pyramiden erheben sich aus dem Sand, ebenfalls die Sphinx, die wie ein Wächter vor diesen imposanten Bauten steht. Es ist schon beeindruckend, vor so viel nicht enträtselter Geschichte zu stehen! Mich überfällt ein Gefühl der Ehrfurcht vor diesen Riesenbauten.

Obwohl Mr Hamdullah uns immer wieder eingeschärft hat, als Gruppe zusammen zu bleiben, ist plötzlich Ella verschwunden. „Oh my god, oh my god, oh my god“, stöhnt Mr Hamdullah. Alle schauen verzweifelt um sich und schließlich verschwindet auch noch Mr Hamdullah in die Richtung, in der wir Ella zuletzt gesehen haben. Ratlos stehen wir übrig gebliebenen vier zusammen. Plötzlich taucht Ella mit ihrem roten Sonnenhut und dem Rucksack aus einer ganz anderen Richtung auf. Sie hat einen kleinen Rundgang gemacht und ist mit sich und der Welt total zufrieden. Dass wir zusammenbleiben sollen, hat sie nicht mitbekommen.

Die Stadt erstreckt sich in einem endlosen Tal vor den Pyramiden und versinkt leicht im Dunst. Um die Pyramiden herum ist die Landschaft flach, erst in einiger Entfernung tauchen drei weitere, kleinere Pyramiden auf.

Als wir uns alles angesehen haben, fragt uns Mr Hamdullah, ob wir erst Mittagessen und dann ins Ägyptische Museum wollen oder umgekehrt. Es herrscht ausnahmsweise Einstimmigkeit: erst ins Museum! Wir halten vor einem großen Hotel und rätseln herum, was das nun wieder zu bedeuten hat. Durch einen mit Metalldetektoren - wie an unseren Flughäfen - gesicherten Eingang kommen wir ins Hotel, das wir auf der Rückseite wieder verlassen. Direkt dahinter erblicken wir das große Gebäude des Ägyptischen Museums.

Die Zeit ist kurz bemessen, viel zu kurz für solch ein großes Museum! Überall stehen überdimensionale Sarkophage und Statuen. Wir können nur einen schnellen Durchgang durch die Räume machen und einen oberflächlichen Eindruck gewinnen. Wir suchen, finden und bestaunen den goldenen Tutenchamun. Zum Glück ist das Museum nicht allzu überlaufen.

Die Mumien sind in einem gesonderten Raum deponiert. Der Eintritt kostet extra. Egypt Pounds hat natürlich niemand von uns dabei. Plötzlich begegnet uns Mr Hamdullah. „Do you want to see the mummies?“, fragt er und drückt uns einige Geldscheine in die Hand. „Hurry up, you must be at our meeting point at three o'clock!“ Aber es ist schon fünf Minuten vor drei! Wir eilen die Treppen hinauf, zum Schalter, kaufen die Tickets und hasten durch den Raum, im Vorbeigehen die Jahrtausende alten Mumien betrachtend. Ein Jammer und eine bodenlose Frechheit diesen verstorbenen Menschen gegenüber, ihnen so wenig Ehrfurcht entgegenzubringen!

Spätestens an dieser Stelle wird jeder Kulturliebhaber den Kopf schütteln und ein unübersehbares „Unmöglich!“ wird vor seinem inneren Auge vorbeiziehen. Aber, ich möchte doch zu bedenken geben, dass wir uns eigentlich auf einer Frachtschiffreise befinden ...

Punkt drei Uhr stehen wir alle brav am verabredeten Treffpunkt. Wer fehlt, ist Mr Hamdullah. Wenig später kommt er und schenkt jedem zum Andenken ein T-Shirt. In einem kleinen Hamburger-Restaurant kann jeder dann essen was er mag, bevor die Weiterreise nach Port Suez gestartet wird.

Auf der Rückfahrt bleibt Mr Hamdullah die ganzen drei Stunden bei uns im Auto. In Port Suez habe ich als Folge davon Probleme, meine Knochen wieder in die richtige Position zu bringen! Die Enge hat aber den Vorteil, dass Ella nicht herumkramen kann. Manchmal macht sie ein kleines Nickerchen zu meiner Linken, ebenso wie Mr Hamdullah, der selig zu meiner Rechten schläft, bis ein tiefes Loch in der Straße das Auto hüpfen, die Federn krachen und alle Schlafenden aufwachen lässt.

Hinter der Stadt tut sich eine neue Landschaft auf: Während zwischen Port Said und Kairo flaches Land und fast nur kahle, felderähnliche Areale dahinziehen, breitet sich hier die Wüste aus. Aber sie besteht nicht nur aus Sand, sondern auch aus kahlen Steinen, Felsen und Bergen. Die Sonne geht unter und lässt die Landschaft in den schönsten Farben leuchten. Die Wüste ist bei Weitem nicht nur gelb! Unzählige Färbungen hinterlassen einen nachhaltigen Eindruck.

In Port Suez telefoniert Mr Hamdullah wild herum und findet heraus, dass es bis zum Eintreffen des Schiffskonvois noch zwei Stunden dauern wird. Wir fahren zum besten Hotel am Platze, per Lift hinauf in den sechsten Stock und sind dort Gäste in einem Restaurant mit Panoramablick über den Hafen von Suez und über die Kanalausfahrt. Wir sind die einzigen Besucher, werden sehr aufmerksam und zurückhaltend bedient und hören klassische Musik. Großartig und entspannend nach diesem turbulenten Tag, der allerdings noch nicht zu Ende ist. Mr Hamdullah sammelt unsere Pässe ein und fährt damit zum Immigration Office, um schon einmal den Bürokram zu erledigen. Wir sind nicht sicher, wann wir uns auf den Weg zu unserem Schiff machen müssen und bestellen deshalb nur kleine, einfache Speisen, wie den Pfannkuchen mit Marmelade, der als Dessert angeboten wird. Es schmeckt uns prächtig. Dazu Coca Cola. Mary will Gin Tonic, den es aber in diesem arabischen Hotel nicht gibt.

Irgendwann kommt Mr Hamdullah sichtlich erleichtert zurück, denn nun sind alle Formalitäten erledigt. Er setzt sich zu uns und erzählt uns Geschichten aus seinem Leben.

Im Hafen werden die ersten Gates durchfahren und es dauert natürlich nicht lange, bis es wieder heißt: „Your passports, please!“, und unsere Taschen und der Kofferraum überprüft werden. Nach langem arabischen Palaver darf unser Taxi die Schranke passieren. Das andere Taxi steht noch dahinter. Mr Hamdullah fuchtelt wieder wild herum und lamentiert mit den uniformierten Beamten. Immer wieder wechseln Geldscheine den Besitzer. Mr Hamdullah wird nervös, denn er will zum Wassertaxi, damit wir unser Schiff nicht versäumen. Je zappeliger er wird, desto ruhiger werden die Beamten und desto höher wird sicherlich das Bakschisch, das er bezahlen muss. Endlich darf auch das zweite Taxi die Schranke passieren.

Wir fahren bis an den Kai. Vor uns liegen einige bunte, kleine Boote und ein paar dunkle Gestalten tauchen auf. Sie ziehen ein Boot dichter an den Kai, wir steigen hinauf, gehen in die Kajüte und setzen uns auf die Kissen und Flickenteppiche.

Mr Hamdullah telefoniert wieder. Ohne die technischen Hilfsmittel der heutigen Zeit wäre solch ein Ausflug bestimmt nicht möglich. Der Konvoi ist noch nicht in der Nähe. Draußen ist es kalt geworden. Ich beginne ein wenig zu schlottern. Ob es an der Kälte liegt, oder an den vielen Eindrücken, der überreichlichen

Aufregungen und der Spannung, ob wir auch wirklich unser Schiff erreichen werden, das vermag ich nicht zu sagen. Vielleicht ist auch ein wenig Erschöpfung dabei. Draußen ist es stockdunkel, als endlich der Motor angeworfen wird und wir hinaus in den Suez-Kanal fahren. Alle versuchen nun unser Schiff zu erspähen.

Mr Hamdullah sagt uns, wir sollten schon einmal auf die vordere Plattform kommen. Das heißt: mit einem großen Schritt hinaufsteigen auf die Sitzbänke, noch eine weitere Stufe hinauf und an der Reling entlang. Es gibt nur eine Haltestange auf dem Dach des Führerhäuschens, an der man sich mit beiden Händen festhalten und vorsichtig nach vorne hangeln muss. Gut, dass ich nicht zum ersten Mal auf einem kleineren Schiff bin, sondern hin und wieder mit Erhard gesegelt bin und so wenigstens einige Grundregeln kenne, wie zum Beispiel: niemals stehen, ohne sich nicht mindestens mit einer Hand am Boot festzuhalten.

Unser kleines Schiffchen kurvt an mehreren großen Frachtern vorbei. Manchmal schaukelt es gewaltig in den Bug- und Heckwellen. Endlich taucht unsere RICKMERS HOUSTON auf. Ich glaube, uns allen entschlüpft ein erleichterter Seufzer, mir bestimmt der tiefste! „Yes, it is our ship!“ Den ganzen Tag über habe ich auf diesen Augenblick gewartet! Unser Boot umrundet das Heck der RICKMERS HOUSTON und steuert auf die Backbordseite zu. An Deck erkennen wir unsere Seemänner, die nun die Gangway für uns herunterlassen. Unser Boot fährt von achtern heran. Solche Manöver sind immer riskant und ich weiß, dass sie in stockfinsterer Nacht oft aufregend sein können und dass man dabei gut aufpassen muss. Mr Hamdullah sagt uns, dass wir schon einmal auf die Bänke klettern sollen. Dann haben wir die Gangway erreicht. Aber unser Boot gerät bei den starken Wellen fast unter die Gangway und Ellas Kopf ist gefährlich dicht an der Treppe. Sie soll schnell wieder zurück auf die Plattform. Aber sie ist ziemlich unbeweglich und langsam und hat zudem eine Vielzahl von Tüten zu tragen. Außerdem verhakt sich noch ihr Rucksack im Netz der Gangway. Schließlich fällt sie rücklings ins Boot. Es sieht nicht sehr gefährlich aus. Mr Hamdullah ruft uns zu, dass wir uns beeilen und auf die Gangway hinübersteigen sollen. Erhard zuerst, ich nach ihm. Wir sehen noch, wie Mr Hamdullah Ella wieder auf die Beine hilft, und hören wilde Wortwechsel hüben und drüben. Wir beide klettern die Gangway hoch in Sicherheit und erreichen überglücklich den sicheren Boden unseres Schiffes. Meine Güte, bin ich froh! Die netten Filipinos scheinen genauso erleichtert. Jedenfalls begrüßen sie uns fröhlich lachend und klopfen uns auf die Schulter. Ach, tut das gut!

Wir schauen über die Reling, um zu sehen, was dort unten beim Wassertaxi noch passiert. Das Boot ist inzwischen von unserem Schiff abgetrieben und mit lautem arabischen und englischen Lamento wird die Gangway erneut angefahren und die restlichen Passagiere steigen nach und nach an Bord. Auch Ella, zum Glück! Nun steht nur noch Mr Hamdullah auf dem Boot und winkt zu uns hinüber. Er scheint nach diesem Manöver dem Nervenzusammenbruch nahe zu sein.

Als wir mit weichen Knien unsere Kabine erreichen, bin ich total erledigt und bitte Erhard erst einmal um einen riesengroßen Gin Tonic. DAS war ein erlebnisreicher Tag!

Wir sind im Roten Meer. Rotes Meer? Weiße Kronen schäumen auf dem blauen Meer! Die Wellenhöhe ist schon wieder beträchtlich und die Windstärke bei 6/7 angelangt. Ras Shukheir und Ras Dib liegen querab auf der afrikanischen Seite. Eine Straße verläuft an der Küste, aber kein Fahrzeug ist auszumachen. Im Blickfeld sind nur Sand, Steine und in der Ferne einige Berge.

Wenn das Licht nicht in die Höhenzüge hineinscheint, sehen sie dunkelgrau aus und heben sich schaurig vor dem weiß gekrönten, dunkelblauen Meer ab. Aber wenn die Sonne in diese Anhöhen hineinleuchtet, dann zeigt sich eine überraschende Farbenvielfalt: Rot gefärbte Felsen, so rot, wie Afrikas Erde ist, ragen wild zerklüftet und sehr kantig aus dem Boden, in den Schluchten suchen sich Geröllmassen ihren Weg in die Ebene. Sie sehen aus wie Gletscherströme aus Felsbrocken, Steinen und Sand. Das Rot vereinigt sich hier mit Ocker, Gelb und Grau in jeder nur denkbaren Nuance. Davor unser dunkelblau-weiß schäumendes Meer, darüber der hellblaue Himmel. Welch ein Schauspiel!

Im Roten Meer

Das ganze Land wirkt menschenleer. Nur wenige Hütten stehen im Wüstensand. Selten sieht man mehrere Gebäude, umgeben von runden Tanks. Eine Flamme lässt auf Ölgewinnung schließen.

Auf der arabischen Seite hingegen ragen immer wieder Bohrinseln aus dem Wasser. Wir befinden uns fast am Südzipfel der Sinai-Halbinsel, die sich allerdings im Trüben zu verstecken versucht. Ihre Schönheit lässt sie nur hin und wieder vorsichtig durch einen Dunstschleier erahnen. Kilometerweit erstreckt sich eine fast ebene Sandwüste ins Land hinein.

Nach zwei Stunden ist die See etwas ruhiger. Nur noch Windstärke vier. An der afrikanischen Küste wird es immer hübscher. Viele Inseln sind dem Festland vorgelagert und etliche Sandbänke und Untiefen, auf denen abenteuerliche Wracks, zum Teil nur noch Fragmente davon, liegen, schauen aus dem Wasser. Die gelben Sandbänke sind von hellgrünem Wasser umgeben. Der Ausblick erinnert an Bilder aus der Karibik. Im Windschatten liegen zwei Motoryachten versteckt hinter einer Insel. Man kann durch das Fernglas erkennen, wie die Beiboote klar gemacht werden. Ob es Sporttaucher sind?

Am südlichen Ausgang des Golfes von Suez stehen zwei Felseninseln: „The Two Brothers“. Auf einer ragt ein Leuchtturm empor, die andere ist kahl. Beide Felsen zusammen haben kaum größere Ausmaße als ein „Cargoship“, wie der Erste Offizier uns schmunzelnd erklärt. Heute passiert uns sogar ein Segelboot, das nur ca. 10 m lang ist und Genua und Großsegel gesetzt hat. Das ist die erste Attraktionen des Tages. Jeder, dem wir begegnen, fragt: „Did you see the sailing boat?“ Segelboote sahen wir bisher nur im Hafengebiet von Genua.

Das Einlassen von Wasser in den Pool ist die zweite Attraktion des Tages. Gegen 10 Uhr vormittags ist er gefüllt mit sauberem Seewasser, direkt aus dem Meer über die Feuerwehrschläuche in das Schwimmbecken gepumpt. Temperatur des Wassers: 24 Grad Celsius! Wer war der Erste im Wasser? Erhard. Und fünf Minuten später? Evelyn. Oh, ist das schön! Im ersten Moment fühlt sich das Wasser trotz einer Lufttemperatur von 25 Grad ziemlich kalt an, aber nach den ersten geschwommenen Zügen ist es einfach nur noch herrlich, wunderbar, marvelous, exciting!

Vorbereitungen zum Auffüllen des Swimming Pools mit Seewasser

Gestern Nacht durchfuhren wir zum zweiten Mal eine Zeitzone und mussten unsere Uhren erneut eine Stunde vorstellen. Nach dem Abendessen waren wir noch einmal am Bug. Dort haben die Seeleute fleißig gearbeitet, Rost geklopft und neue Farbe gemalt. Ich finde, unser Schiff wird von Tag zu Tag schöner. Vielleicht wird es mir auch nur immer vertrauter?

Am Bug schauen wir über die Reling. Und plötzlich bemerken wir Delphine! Neun an der Zahl. Sie schwimmen direkt vor dem Bug, manchmal sogar direkt über dem Wulst. Genau so schnell wie unser Schiff, und das fährt immerhin runde 14 Knoten, d.h. ca. 25 km/h. Die Delphine springen immer wieder hoch, manchmal fünf zusammen. Wir freuen uns richtig und bewundern die eleganten und anmutigen Sprünge der hübschen Tiere. Ob sie wohl unsere „Ahs“ und „Ohs“ hören? Ihre Haut glänzt grau, am Rücken dunkel, am Bauch hell und das Maul ist ziemlich spitz. Wie schaffen sie es, sich kaum zu bewegen und dabei so schnell zu sein, während unser Schiff eine 15.200 PS starke Maschine und einen hohen Energiebedarf dazu braucht? Ich glaube, die Wissenschaftler und Forscher haben hier noch ein weites Betätigungsfeld.

Am nächsten Tag fahren eine Weile drei Wiedehopfe kostenlos auf unserem Schiff mit. Es ist reichlich heiß, 29 Grad, und die Luftfeuchtigkeit nimmt rapide zu.

Auch am folgenden Tag scheint die Sonne, strahlende Sonne und ein Wind, der nach und nach immer mehr zunimmt, bis zu Windstärke 6 am Nachmittag. Wir baden viel, gehen aber auch immer wieder zu den oberen Decks, um zu schauen, ob wir Inseln oder Festland entdecken.

Vormittags passieren wir den 14. nördlichen Breitengrad im Roten Meer. Nachmittags liegt auf der Backbordseite Jemen mit dem Ort Al Mukha, auf der Steuerbordseite Eritrea. Durch den starken Gegenwind, macht das Schiff nur noch 11,7 Knoten und die Schiffsleitung ist damit überhaupt nicht zufrieden.

Am Nachmittag kommt uns ein kleines Kriegsschiff entgegen. Es ist das erste, das wir auf unserer Reise sehen. Es scheint Kurs auf uns zu nehmen und kommt tatsächlich ziemlich dicht an uns heran. Die Flagge ist wegen des starken Windes schlecht zu erkennen. Ist sie schwarz-gelb? Es tauchen viele Leute an Bord auf und die schwarze Nummer ist gut an der Schiffswand zu erkennen. Es kommt immer dichter, wird langsamer, umrundet unser Schiff und begleitet uns schließlich mehr als eine Stunde auf der Steuerbordseite. In diesem Licht und bei der jetzigen Nähe können wir die deutsche Flagge deutlich erkennen. Es scheint, als wenn man uns Geleitschutz geben will. Als wir dann bei Mayyun/Perim Island den Kurs wechseln und vom Roten Meer in den Golf von Aden fahren, wird unser Begleitschiff allmählich langsamer und zieht schließlich mit entgegengesetztem Kurs von dannen.

Beim Aufstehen zeigt unser Thermometer in der Kabine schon 30 Grad, obwohl wir über Nacht die Fenster weit öffneten. Deshalb werden wir jetzt zum ersten Mal die Klimaanlage einschalten. Das Wasser im Pool wird täglich gewechselt und ist badewannenwarm. Trotzdem ist es eine Erfrischung, darin zu baden, denn die Temperatur in der fast allgegenwärtigen Sonne ist wesentlich höher. Welche Hitze wohl unten in dem Maschinenraum herrscht? Ich weiß es nicht, der Chief Engineer sieht aber oft so aus, als wenn er mehrere Stunden in der Sauna gewesen wäre.

Die Crew ist den ganzen Tag damit beschäftigt mit kleinen Hämmern oder Pressluftmaschinen den Rost auf dem Vorschiff abzuschlagen. Danach wird Rostschutzfarbe gemalt und wenige Tage später die endgültige Farbe. Unser Schiff ist immer hübscher anzusehen. Wenigstens von der Brücke aus. Von außen wäre ein Anstrich ja auch einmal dringend fällig. Aber vielleicht kommt das ja auch noch dran.

Beim Weg durch die Lobby treffen wir den Kapitän. Er steht im Türrahmen seines Büros und bittet uns herein, um sich ein wenig mit uns zu unterhalten. „Information is always good." So haben sowohl wir, als auch er ein wenig Abwechslung. Wir erfahren, dass dieses seine erste Fahrt mit Passagieren ist, und er berichtet, dass er gestern Abend ein Fax bekommen und daraufhin die ganze Nacht nicht geschlafen habe. In dem Fax wird ihm mitgeteilt, dass er die Passagiere vor dem Eintreffen des Immigration Officers in Singapur auf die Crew-Liste schreiben muss. Das heißt, dass wir alle auf dem Papier einen Job bekommen müssen. Seine Aussage: „So it is easy with you." Mit einem Fingerzeig auf mich meint er: „You can be a stewardess", und an Erhard gewandt „you can be an assistant of the electrician." Aber, was um alles in der Welt, soll er mit Marlene, unserer fast 80-jährigen Dame machen? „What shall I write down for her?", ist seine verzweifelte Frage an uns. Etwas betreten schauen auch wir drein, bis Erhard einfällt: „What about a nurse?" Nach einem kurzen Moment des Überlegens brechen wir in schallendes Gelächter aus, denn in diesem Alter ist man eher selber pflegebedürftig.

Als wir uns später einen Weg durch die vielen Frachtstücke hindurch zum Bug suchen, müssen wir auf die Backbordseite wechseln, weil auf der Steuerbordseite gearbeitet wird. Hier ist das Deck an einigen Stellen nass und die Gischt spritzt hin und wieder über die Reling. Man muss vorsichtig gehen. Das Deck ist rutschig, nicht nur wegen der Nässe und der Rostkrümel, der Öl- und Schmiererückstände, sondern auch wegen der Salzkristalle, die das verdunstete Seewasser an den trockenen Stellen hinterlässt.

Bei unseren Spaziergängen ist natürlich jede geöffnete Tür interessant. Weit vorn am Bug gibt es eine Tür, die bisher noch nicht geöffnet war. Dort erscheint überraschend der „Electrician". Wir fragen ihn lachend, ob hier sein Office sei. Er grient zurück und will uns zeigen, was in seinem Raum zu sehen ist. Dicke Rohre führen vom Ankerkasten herunter. Dort hindurch läuft die Kette. Große Rollen nehmen hier die vorderen Festmachertaue auf und werden von Riesenmotoren der Hydraulikanlage angetrieben. Ein Notaggregat für die Feuerlöschanlage im vorderen Schiffsbereich läuft über einen Dieselantrieb. Überall winden sich armdicke Kabel, von Ausmaßen, die mir den Atem stocken lassen, und stehen kolossale Schaltkästen, die die Sicherungs- und Steuerungsanlagen beherbergen. In Nebenräumen lagern beindicke Stahltrossen und Befestigungsschäkel, die für die umfangreichen Krananlagen als Ersatzteile mitgeführt werden. Schächte führen noch brunnentief, nämlich elf Meter, bis zur Bilge hinunter.

Das Schiff rollt kaum, aber es geht langsamer voran: nur knapp 11 Knoten. Das liegt auch daran, dass die hohe Wassertemperatur die Maschine nicht genügend kühlen kann.

Am Nachmittag, Erhard ist gerade im Pool und ich auf dem Weg zu ihm, höre ich ein dröhnendes Geräusch, das rasch lauter wird und sich unserem Schiff nähert. Dann sehe ich auch schon einen dicken, grauen Flieger dicht über unserem Schiff vorbeisausen. Es sieht richtig bedrohlich aus, wie er so tief über uns fliegt. Ich gehe erschrocken zu Erhard und wir schauen beide reichlich verunsichert und ein wenig ängstlich dem nun in einer großen Schleife abdrehenden Flugzeug hinterher. Was war das? Ein Militärflugzeug? Bestimmt! Denn in dieser Farbe sind eigentlich nur Militärmaschinen gestrichen.

Wir verlassen den Golf von Aden und kommen in das Arabische Meer, befinden uns also in einer politisch ziemlich heiklen Umgebung. Südlich von uns, direkt am Horn von Afrika, liegt der Ort Guardafui in Somalia. Im Meer davor, jedoch wesentlich dichter an Afrika als an Saudi Arabien, befinden sich die Inseln Abd Al Kuri und Socotra, die allerdings politisch zum Jemen gehören. Hier muss man wohl die Köpfe einziehen, wenn Raketen fliegen! Die Sicht ist diesig und Socotra nur zu ahnen. Vielleicht ist es gut, dass man nicht so viel erkennen kann, denn so habe ich wenigstens das Gefühl, auch nicht gesehen zu werden, obwohl das mit den heutigen elektronischen Geräten natürlich nicht mehr stimmt. Auf dem Kartentisch lesen wir ein Telex, in dem vor den vielen Piraten und anderen Überfällen hier und im asiatischen Raum gewarnt wird. Insgeheim wünsche ich mir das deutsche Patrouillenboot zurück.

Es ist so heiß, dass wir es in der Sonne nur kurzfristig aushalten. Der Himmel ist blitze-blank blau, keine einzige Wolke zu sehen.

Der Horizont stellt sich als Strich dar, wie mit dem Lineal gezogen, also ganz ruhiges Wasser. Und wir sind am südlichen Rand der Arabischen See und fahren in den Indischen Ozean hinein.

Gegen Mittag, werfen hier große Ereignisse ihre Schatten voraus, denn für heute Abend ist eine Barbecue-Party angekündigt und schon seit einigen Stunden wird draußen dröhnend die Musikanlage „überprüft“. Die Bänke bekommen neue Plastiküberzüge, die quer durchtrennte Tonne zum Grillen steht gesäubert parat, der Bosun selber reinigt das Deck. Alle freuen sich auf die Abwechslung. Wir auch.

An der Grilltonne

Die Vorbereitungen dauern fast den ganzen Tag. Die Vorfreude der Seeleute ist förmlich zu spüren. Immer wieder taucht jemand von der Crew, die wir bisher meistens in ihren orangefarbenen Overalls gesehen haben, auf, der eine verwegene Sonnenbrille auf der Nase trägt oder ein rot-weißes Tuch keck wie ein Pirat um den Kopf gebunden hat. Jedem gefällt die Stimmung, man macht

Scherze und lacht viel. Es ist eine Freude, diese mitreißende Spannung und das Vergnügen am Vorbereiten zu erleben.

Am Mittag wird schon die Grillkohle angezündet. Über der Tonne sind auf einer Stange Puter und Enten aufgespießt. Ein Crewmitglied sitzt stundenlang geduldig hinter dem Grill und dreht emsig den Spieß. Nette Kollegen bauen ihm aus zwei Regenschirmen einen Sonnenschutz an seinen Stuhl. Eine Flasche Bier taucht auch schon auf.

Puter und Enten am Grill

Nach und nach füllt sich das Achterdeck. Frankie bringt bergeweise Fleisch heran. Riesengroße Tische werden mit weißen Tischdecken bespannt und Tellerstapel, Besteck, Servietten und die Eimer mit den verschiedenen Saucen stehen schon Stunden vor dem Essen darauf. Die Sojasauce hat inzwischen bestimmt 40 Grad!

Vorfreude pur

Mit unserem Kapitän plaudern wir eine ganze Weile am Pool. Er ist ein sehr sensibler Mann und erzählt uns voller Anteilnahme, dass einige von seiner Crew schon seit zwölf Monaten an Bord seien und dass schon lange keine Barbecue-Party mehr stattgefunden hat. „They need a party, now!“ Das kann man ja auch gut verstehen.

Unser Magen knurrt. Erste Fleischstücke werden vom Grill heruntergenommen und auf großen Platten gestapelt. Sogar Pommes frites sind schon in einer Schüssel. Immer mehr Töpfe und Schalen kommen nach und nach auf den Tisch. Gemischtes Obst in einer weißen Sahnesauce, ein Teller mit Brot, eine Schüssel mit Orangen. Für ein Frachtschiff und für eine reine Männercrew, die das erste Mal auch weibliche Passagiere an Bord hat, sieht es erstaunlich hübsch aus. Ich freue mich richtig darüber. Von den anderen Passagieren ist noch nichts zu sehen. Der Kapitän schickt James hinauf. Als er zurückkommt berichtet er, dass Mary noch unter der Dusche steht. Der Kapitän schlägt die Hände über dem Kopf zusammen und stöhnt lächelnd: „Oh, Maaary!“

Gespräch mit dem Kapitän am Pool

Endlich sind aber auch Mary, Marlene, Ella und Marcel da und die Party kann beginnen. Der Puter und die Enten stehen seit einer Weile auf dem Tisch, die Pommes frites ja sowieso. Wenn die Lufttemperatur nicht so hoch wäre, könnte man glatt behaupten, dass die Speisen alle kalt wären. Aber auf solche Feinheiten darf man hier nicht achten. Jeder greift sich sein Messer, zieht sich die Platte mit dem Geflügel heran und schneidet sich ein Stück ab. Entsprechend sehen die übrig bleibenden Torsi der toten Vögel bald aus. Aber hier hat schlichtweg jeder Hunger und da stehen Etiketteregeln nicht an vorderster Stelle. Das Vergnügen am Essen wird dadurch nicht geschmälert, nein, es macht richtig Spaß zu sehen, wie glücklich alle über den wohl gefüllten Tellern sitzen und mit großem Appetit an den Knochen herumnagen, die Pommes mit den Fingern in den Mund schieben, sich Geschichten erzählen, von einem zum andern Ohr grinsen und überhaupt eine ausgesprochen ansteckende Zufriedenheit ausstrahlen.

Ron am Geflügel

Der Kapitän lässt einige der von uns für ihn mit an Bord gebrachten Rotweinflaschen bringen, auf deren Rückseite wir eine kleine Mitteilung von uns mit einem Bild geklebt haben. Hier vor der untergehenden Sonne im Indischen Ozean bei tropischer Hitze ist es ein Genuss, den schmackhaften Rheinhessen-Wein aus der Portugieser-Traube zu trinken! Unsere Flaschen erregen überall große Aufmerksamkeit. Der philippinische Zweite Offizier holt sich auch eine Flasche und versucht, die Etiketten zu entziffern. Über den Aufkleber mit unserem Foto und Adresse wird mit nachdenklichem Blick auf uns nachgesonnen, denn man kann das nicht mit der Bezeichnung „Portugieser" in Verbindung bringen. Mehrere Filipinos stehen um den Offizier herum, wollen alles genau wissen und diskutieren eifrig. Plötzlich rennen sie los und erscheinen wenig später mit einem Glas in der Hand. Der

Officer hat derweil einen Korkenzieher gefunden und nun probiert jeder den Wein. Später, als sie nach größerem Alkoholgenuss zutraulicher werden, kommen sie zu uns und fragen, ob wir Winzer seien. Erhard leistet Aufklärungsarbeit.

Weinprobe auf See

Die Stimmung wird immer gelöster und man beginnt sogar zu tanzen. Jeder hüpft herum, so gut er kann. Es kribbelt allen in den Beinen, nur man traut sich noch nicht so recht. Schon gar nicht mit Passagieren an Bord, und erst recht nicht mit weiblichen Passagieren. Aber als ich mittanze, strahlen plötzlich alle und das Eis ist gebrochen. Es ist zu schön, diesen freundlichen und fröhlichen Menschen zuzusehen. Sie tanzen im Kreise herum, hin und wieder wagt sich einer in die Mitte und macht ein paar besonders kühne Verrenkungen, kehrt wieder in den Kreis der anderen zurück und ein großer, lautstarker Jubel und fröhliches Gelächter setzen ein.

Mary und Marlene hampeln auch mit herum und jeder, aber auch jeder strahlt, wenn man sich ihm ein wenig zuwendet. Auch der Kapitän ist selig. Es ist eine äußerst ausgelassene und unglaublich fröhliche Party. Niemand fällt aus der Rolle. Der Kapitän erzählt uns, dass er es noch nie erlebt habe, dass alle, alle von der Crew dabei waren. Nur drei Leute müssen arbeiten: ein Offizier auf der Brücke und zwei Leute in der Maschine. Gegen Mitternacht sind wir dann ziemlich müde und gehen total verschwitzt in unsere Kammer. Die Musik unten spielt aber noch einige Stunden länger.

Heute ist wieder nur blauer Himmel, blaues Wasser und nur ein einziges Schiff zu sehen. Wir scheinen allein auf der Welt zu sein! Nur die fliegenden Fische sind hier sehr zahlreich vertreten. Sie mögen das warme Wasser ebenso gern wie wir.

Erhard kommt vom Baden zurück. Es ist inzwischen dunkel und er ist begeistert von dem wunderbar erfrischenden Bad bei einer immer noch herrschenden Lufttemperatur von 27 Grad und einem 29 Grad warmen Wasser. Einfach toll. Über dem Pool leuchten der Mond und die Sterne! Geht es uns gut? Wahrhaftig ja, es geht uns wirklich gut!

Was gibt es sonst noch zu berichten? Ach ja, wir besuchen den „Salon RICKMERS HOUSTON". You don't know what it is? It is the barbers shop. Ein alter Stuhl auf dem Deck, ein Filipino mit nacktem Oberkörper darauf und unser Chefkoch mit seiner weißen Schürze dahinter. In der einen Hand einen Kamm, in der anderen eine eindrucksvolle Schere, und mit gehörigem Schwung und großer Geschwindigkeit schneidet er gekonnt an den Haaren. Die abgeschnittenen Büschel fliegen herum und werden vom Wind über das ganze Deck verteilt. Aber die Frisur sieht hinterher wirklich gut aus. Marcel, Erhard und ich melden uns nun auch beim „Friseur" an.

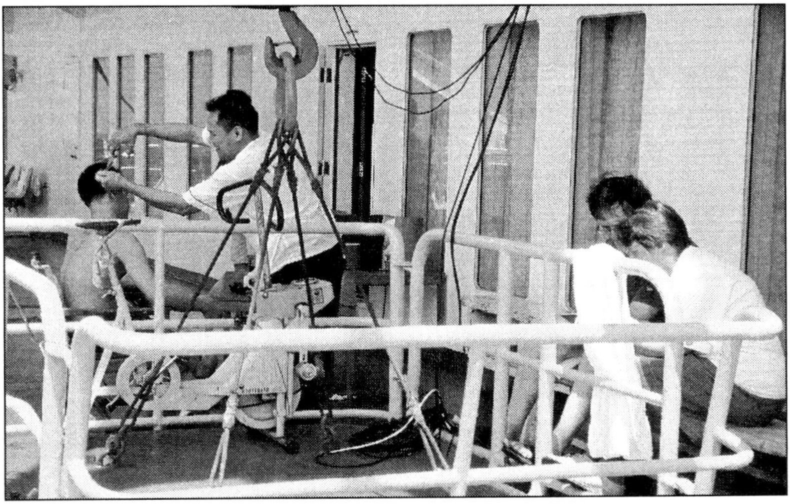

Frisiersalon RICKMERS HOUSTON

Unsere Faulenzerei hält an. Es herrscht absolute Urlaubsstimmung! Wir schlafen lange, lesen, essen zu Mittag, waschen ein wenig Wäsche, baden mehrere Male und genießen schließlich das köstliche Abendessen.

Eine Überraschung gibt es beim Mittagessen: Im Restaurant sitzt der Kapitän am Tisch! Na, das ist wirklich eine Seltenheit. Ich weiß nicht mehr, wie lange es her ist, seit er zum letzten Mal dort war.

Heute Morgen ziehen drei kleinere Fischerboote, von einem Schwarm übermütig im warmen Wasser planschenden Fischen umgeben, vorbei. Gestern begegneten uns nur zwei Schiffe. Mehr nicht. Selbst im Radarschirm ist nur der Punkt von unserem eigenen Schiff sichtbar.

Am Mittag gibt es eine unbehagliche Verwirrung: Hin und wieder pfeift eine Sirene, von der wir inzwischen wissen, dass sie immer dann losheult, wenn in der Maschine irgendetwas überprüft, ausgewechselt oder repariert werden muss. Normalerweise verstummt sie nach kurzer Zeit wieder. Heute heult sie aber länger als normal. Der Chief Engineer läuft eilig, von Schweißtropfen bedeckt, an uns vorbei. Was mag wohl passiert sein?

Unser vertrautes Bild, das schäumende Kielwasser, ist plötzlich verschwunden, das Schiff dümpelt dahin. Was ist nur los? Auf dem Kartentisch liegt ein Blatt Papier: „Machine stop 12,30 h“. Aber niemand macht einen aufgeregten Eindruck oder zeigt ein besorgtes Gesicht. Erhard fragt, ob man wisse, was los sei. Aber der Kapitän schüttelt den Kopf: „Bisher nicht“, und er will auch nicht unten anrufen, die seien dort sicher sehr beschäftigt.

Wir gehen zurück in unsere Kabine. Ein einzelnes Schiff ist ganz weit draußen zu sehen und so kann eigentlich nichts passieren, weil wir ohne Fahrt manövrierunfähig im Meer herumschwimmen. Das Meer ist nur mäßig bewegt, kaum Wellen, aber die Macht der Dünung lässt das Schiff ziemlich schaukeln.

Erhard begegnet auf dem Gang dem ersten Offizier und kommt mit der Neuigkeit in die Kabine zurück: „In 15 Minuten werden die Rettungsboote zu Wasser gelassen! Lass uns mal die Sachen zusammenpacken.“ Rettungsboote!?! Sachen zusammenpacken!?! Sieht Erhards Gesicht besorgt aus? Was soll ich so schnell einpacken? Rucksack heraus, Wasserflasche hinein, Packung Knäckebrot, Ausweis, Geld, Handtuch, Unterwäsche, Taschentücher, Brille. Mehr fällt mir so schnell nicht ein. Rettungsweste aus dem Schrank, ebenfalls den Beutel mit dem Überlebensanzug, feste Schuhe anziehen und Mütze auf den Kopf. Es ist ziemlich still in unserer Kabine geworden. Und das liegt nicht nur daran, dass die Maschine nicht läuft! Irgendwie sind wir beide ziemlich in unsere Gedanken versunken. Erhard frozzelt: „Na, wollen wir von Singapur aus wieder nach Hause fliegen?“ Und ich sage glatt: „Ja!“

Von draußen ist zum Glück nichts zu vernehmen, was auf Hektik, Unruhe oder etwas Außergewöhnliches schließen lässt, und ich traue mich nach einer Weile zur Erkundung an Deck.

Tatsächlich sind beide Rettungsboote aus ihren Verankerungen gelöst und schweben frei über der Reling des Schiffes. Vorsichtig gehe ich die Treppe hinauf. Dort stehen viele Seeleute, die ihre Rettungswesten und den Helm tragen. Ich wage mich weiter und weiter hoch, bis ich auf dem fünften Deck angekommen bin und den ersten Offizier fragen kann, ob es sich um einen Notfall oder um einen Test handelt. Zum Glück: nur ein Test! Eine zentnerschwere Last fällt von meiner Seele! Die Gelegenheit zu einer Rettungsübung ist für die Seeleute günstig! Mitten auf dem Meer, keine anderen Schiffe, kein Land, keine Untiefen und die Maschine steht still.

Heute Nacht werden wir am nördlichen Zipfel der Malediven vorbeikommen, an den Atollen mit den interessanten Namen Ihavandhippolhu und North Thiladhunmathee. Zwischen den Malediven und den sich davor nördlich befindenden indischen Laccadive Islands verläuft der so genannte Eight Degree Channel. Wir sind also in der Nähe des Äquators. Das merken wir auch an den Temperaturen. Offenbar wird es jeden Tag ein Grad heißer.

Unser Schwimmbad ist gleichzeitig ein Wellenbad, denn bei der herrschenden Dünung schaukelt das Wasser ziemlich stark hin und her. Wird der Pool morgens überrandvoll gepumpt, so ist er am kommenden Morgen mindestens halb leer, das andere Wasser hat sich seinen Weg aus dem Überlauf wieder nach draußen gebahnt. Ebenfalls hat unser Pool einen eingebauten Massagevibrator: Die Maschine, die überall an Bord für Erschütterungen sorgt, überträgt diese auch auf das Wasser.

Das ganze Schiff ist stark aufgeheizt. Die Stahlwände strahlen die Wärme ab. Die armen Filipinos, die dort den ganzen Tag harte Arbeit verrichten müssen! Ich glaube, das Anmalen der Stahlteile ist noch eine der leichtesten Betätigungen. Diese Aufgabe wird aber vorübergehend gestoppt, denn der Wind weht den einen oder anderen Farbtropfen vom Pinsel weg über das Deck und wir haben auf einer der Ladeluken ein neues Auto stehen. Dieses soll offensichtlich nicht die Farbe unseres Schiffes bekommen!

In den Nächten kühlt es kaum ab. So wache ich öfters auf, trockne meinen schweißbedeckten Kopf, schaue aus dem Fenster und betrachte den Mond, der sich im Kielwasser spiegelt. Heute ist Vollmond und er hängt wie eine goldene Lampe am Himmel, kurz über dem Horizont.

Ella hat noch immer Probleme mit ihrem Arm, der ihr bei dem Überstieg in Port Suez vom Wassertaxi zur RICKMERS HOUSTON verletzt wurde. Der Oberarm ist total schwarz blutunterlaufen und sie kann die Schulter nicht richtig bewegen. Nun will sie in Singapur zum Arzt gehen. Wenn eine weitere Behandlung nötig werden sollte, würde sie die Reise sogar abbrechen, deutet Ella an. Das würde mir sehr Leid tun.

Heute Abend befinden wir uns an der Südspitze von Indien, vor Cape Comorin. Die Klimaanlage funktioniert wenige Stunden, bevor sie wieder zusammenbricht. Immerhin haben wir seit gestern Abend - oh, wie schön - einen Stand-Ventilator, der uns kühle Luft zufächelt. Das ist sehr, sehr angenehm.

Einen neuen Besucher gibt es auch an Bord: einen rotbraunen Schmetterling. Zwanzig bis dreißig Delphine hüpfen lustig eine Viertelstunde lang neben unserem Schiff immer wieder aus dem Wasser.

Da die Windstärke heute 6-7 beträgt und der Wind von der Seite kommt, rollt das Schiff erheblich. Leider wird deswegen kein neues Wasser in den Pool gelassen. Es ist zu gefährlich. So müssen wir schwitzen und zusehen, wie das letzte Wasser in riesigen, großen und lauten Schwappsern aus dem Pool auf das Deck wogt.

Morgen früh hoffen wir die Südspitze von Sri Lanka zu sehen. Die Städte dort heißen Galle und Dondra Head. Dazwischen liegt doch tatsächlich ein Ort mit dem Namen Prinz Heinrich Patch, wie ich auf der Seekarte lese.

Ja, Sri Lanka, hat sich leider im Dunst versteckt. Wenigstens sind morgens drei Schiffe gleichzeitig zu sehen! Ein Anblick, den wir schon lange nicht mehr hatten, obwohl doch rund 95 % des interkontinentalen Weltfrachtaufkommens über die Meere transportiert wird.

Vorgestern Nacht gab es ein heftiges Gewitter. Es regnete in Strömen und seitdem stellen wir begeistert fest, dass viele Fensterscheiben einen besseren Ausblick bieten.

Am Abend sehen wir Fischer. Sie sind mit ihrem kleinen Boot ziemlich dicht vor unserem großen Schiff und scheinen immer weiter vor unseren Bug zu fahren, anstatt sich aus dem Staub zu machen. Aber endlich drehen sie nach backbord ab, einen ganzen Schwarm Fische hinter sich herziehend. Es sind Thunfische, von denen die Fischer beträchtlich große Exemplare in ihr Boot hineinziehen.

In dem südlichen Teil der Bucht von Bengalen, zwischen Sri Lanka und Indonesien, sind wir wieder weit entfernt von jeglichem Schiffsverkehr. Übermorgen werden wir die ersten Inseln von Indonesien erblicken, die Malakka-Straße erreichen, und zwar durch den Great Channel, der sich zwischen den nördlich von uns liegenden, indischen Nicobar Islands und dem indonesischen Sumatra befindet. Dann werden wir zuerst Singapur anlaufen, danach Jakarta und Hongkong. So ist die Planung.

Erfrischung im Pool

In der Malakka-Straße sind viele Piraten unterwegs. Das ist allen bekannt. Es erreichen uns wieder lange Telexe, die uns warnen, wann und wo die vielen Seeräuber versucht haben ihr Unwesen zu treiben:

> *„This broadcast warns ships in passage in east africa, the indian sub continent and south east asian waters regarding piracy and armed robbery. Actual and attempted attacks:*
>
> *At 1039 utc in position 8:16n – 076:24e, india. pirates in seven small high-speed boats boarded a flat top cargo barge under tow. The tug took ellasive maneuvers, raised alarm and fired signal flares but pirates managed to steal batteries for navigation lights and some stores from the barge.*
>
> At 0415 lt in position 17:00n – 082:21e, kakinada fairway buoy, india. Pirates boarded a tanker at anchor. duty a/b

raised alarm and pirates jumped into the water and escaped in their boat ...."

Der Kapitän erzählt uns, wie diese Schurken vorgehen: Sie erscheinen mit zwei Highspeed-Booten in der finsteren Nacht und lassen ein Frachtschiff zwischen sich passieren. Die Boote sind mit einem langen, starken Seil verbunden, das vom Wulstbug der Frachter aufgenommen wird. Die beiden Schnellboote befinden sich kurz darauf an den Bordwänden der Opferschiffe und die Übeltäter erklimmen das Deck. So einfach ist das. Aber oft, oder zum Glück meistens, werden sie von den aufmerksamen Seeleuten, die in der Nacht zusätzliche Wachen gehen, rechtzeitig ausgemacht und mit den bereitgelegten Hochdruck-Feuerwehrschläuchen derartig bespritzt, dass sie es entweder gar nicht schaffen, an Bord zu kommen oder aber von dem Druck des Wassers über Bord gespült werden.

Frankie in seiner Kombüse

Heute, am Sonntag, gibt sich der Koch besonders große Mühe mit der Zubereitung seiner Speisen. Die Portionen sind oft für Riesenseemannsbäuche ausgelegt und wir versuchen schon seit Wochen ihm klar zu machen, dass uns von den vielfältigen Angeboten weniger gereicht wird, z. B. etwas weniger Reis, nicht vier große Stücke Fleisch, sondern ein kleineres, und auch von den Beilagen keine allzu hohen Berge. Wir sind auch schon in die Küche gegangen, um den Auffüllvorgang zu beeinflussen, aber der Erfolg war trotzdem eher gering. Die Löffel sind wohl zu groß!

Als Nachtisch gibt es sonntags immer Eiskugeln. Auch davon reichlich und zwar so viel, dass Erhard sie gar nicht bewältigen kann. Nun hat er heute eine Skizze angefertigt, die zwei Eisbecher zeigt. In den einen malte er zwei Kugeln und in den anderen acht aufgehäufte Kugeln. Das Bild mit den acht Kugeln ist durchgestrichen, darunter steht NO und in Philippinisch HINDI, das soll bedeuten: NEIN, SO NICHT! Unter dem Zwei-Kugel-Becher steht YES und in Philippinisch OO, was bedeutet: JA. Überschrift: ICE, in Philippinisch GELO. Erhard zeigt seine Zeichnung dem Kapitän, der mit uns speist, und bietet ihm an, sie auch zu benutzen. Er will aber vier Kugeln Eis essen und nicht zwei. Dann betrachten unsere Mitreisenden das Bild, amüsieren sich darüber und als unser Steward kommt, grinst auch er bis zu den Ohren und freut sich über die farbenfrohe Zeichnung. Und was bringt er Erhard als Nachtisch? Einen hoch mit Eiskugeln aufgetürmten Eisbecher. Thank you very much, James! Erhard muss sich also etwas anderes ausdenken! Ja, zu hungern brauchen wir hier wirklich nicht.

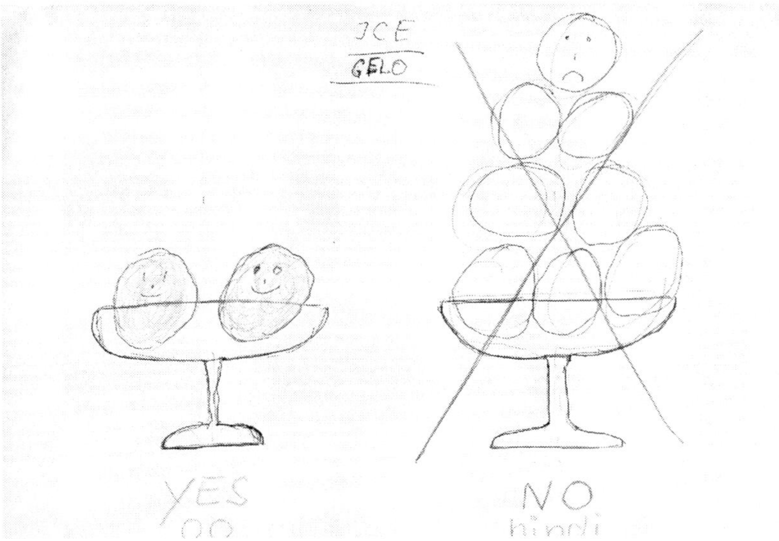

Nicht so viel, bitte!

Gestern Abend trommelte ein tropischer Regenguss auf uns nieder. Es schüttete wie aus Kübeln und da das Schiff rollte, kam bei der seitlichen Neigung immer ein riesiger Wasserschwall vom oberen Deck herabgeschossen. Eines der Schlafzimmerfenster ist nicht ganz dicht und wir mussten mit Handtüchern das Nötigste beheben. Zum Schluss fingen wir das Wasser in unserer Kaffeetasse auf.

Jetzt sehen wir die ersten Felsen von Indonesien: auf der Backbordseite Pulau Rondo und auf der Steuerbordseite Pulau We. Wir haben das Andamanische Meer erreicht. Auf der Nock stehend erinnern wir uns an ein aufwühlendes Ereignis. In diesem Meer haben Seglerfreunde von uns ihre schöne Segelyacht „Yang Hi“ beim nächtlichen Zusammenstoß mit einem nicht aus dem Meer ragenden Hindernis verloren.

Um 19 Uhr notieren wir unsere Position: 5:26,9N, 97:25,6E, Wind NE 4, 32 Grad Celsius, auf der Höhe der Ortschaft Tanjung Jamboaye auf Sumatra.

Bald darauf erreichen wir die grünlich schimmernde Malakka-Straße. Das Wasser ist nicht mehr so klar wie im Indischen Ozean. Müllspuren weisen uns den Weg.

In der Nacht erhellen viele Fischerboote mit mächtigen Scheinwerfern die Umgebung. Sie wollen Calamari fangen. Heute Morgen fährt die gigantische „Frankfurt Express“ von Hapag Lloyd an uns Richtung Heimat vorbei.

M.S. Rickmers Hamburg - modernes Schiff auf bewährter Stückgutroute um die Welt

Singapur bis Jakarta

Nun hat das Meer uns wieder. Mir gefällt es. Wieder blaues Wasser um uns herum, ein paar Schaumkronen oben drauf, das Schiff dröhnt und scheppert, rollt und schaukelt. Ich fühle mich wohl und bin selbst ein wenig erstaunt darüber, denn vor kurzem habe ich mir noch Land unter den Füßen gewünscht. Die letzten beiden Tage in Singapur sind sehr abwechslungsreich gewesen. Eine imponierende Stadt. Bei Sonnenaufgang liefen wir in den Hafen Pasir Panjang ein und wurden zügig zu unserem Liegeplatz gebracht. Danach warten wir alle ungeduldig auf unsere Pässe, wollten an Land und die City kennen lernen.

Schiffe auf Reede

Die Seeleute stöhnen, denn in den asiatischen Häfen wird rund um die Uhr gearbeitet und sie bekommen kaum Schlaf. Der Kai an der Steuerbordseite unseres Schiffes ist aufgeräumt, sauber, vor der großen Lagerhalle stehen nur ein paar Ladegeschirre für die Kräne. Singapur ist der sauberste Hafen, den ich bisher gesehen habe. Welch ein krasser Gegensatz zu anderen Stationen unserer Reise!

Der Kapitän bringt uns persönlich die gestempelten Pässe zur Kabine und bietet uns an, im für Ella und James bestellten Taxi mitzufahren. Ella muss ins Marine-Krankenhaus zur Untersuchung ihres verletzten Armes und James braucht eine Zahnbehandlung. So erreichen wir, nicht im Taxi, sondern im Krankenwagen, bequem die City. Das Touristenbüro befindet sich in einem großen, wunderschönen Hochhaus, rundherum überall Rasen, Bäume und Blumen, ein riesiger, gläserner Eingang. Es sind kaum Menschen zu sehen. Wir spazieren durch den Innenhof des Hochhauses mit seinen kleinen Teichen, in denen große, bunte Kois herumschwimmen. Die Teiche sind mit hölzernen Gehwegen verbunden. Es ist angenehm kühl im Schatten. Hübsche Plastiken unterstreichen die Wohlfühlatmosphäre.

Little India, Häuser der indischen Einwohner im Kolonialstil

Nach der freundlichen Beratung machen wir uns auf, um Geld zu wechseln. Dann geben wir unsere Post nach Deutschland auf und wandern zur Orchard Road, einer der Haupteinkaufsstraßen von Singapur. Wir staunen über die modernen Wolkenkratzer.

Die Stadt, die Straßen, alles pieksauber und überall Blumen und Pflanzen. Zwischen den modernen Hochhäusern immer wieder liebevoll restaurierte alte Häuser aus der Kolonialzeit. In Little India erliegen wir dem Charme der kleinen, bunten Märkte und der Gold- und Gewürzläden.

Wir speisen in einem winzigen vegetarischen Restaurant, in dem nur Inder sitzen. Der bestellte Tee schmeckt köstlich, ist etwas süß und hat ein wunderbares, würziges Aroma. Unser Menü besteht aus Kichererbsen in einer roten Soße, die sich als so scharf entpuppt, daß wir husten müssen. Danach kommen Schafskäsestückchen in Sahne-Sauce mit „Ballonbrot", das aussieht wie ein Luftballon aus hauchdünnem Teig. Dazu wird Chapatta, eine Art Pfannkuchen, gereicht. Die Essgewohnheiten schauen wir uns bei den Nachbarn ab. Es gibt kein Besteck und keine Stäbchen. Stattdessen benutzen wir Daumen, Zeige- und Mittelfinger und stippen und zwicken die Köstlichkeiten auf.

Wir schlendern weiter vorbei an alten und bunten Häuschen und suchen die Bushaltestelle. Die Menschen begegnen uns sehr freundlich und hilfsbereit und ohne Probleme finden wir Chinatown. Genau gegenüber eines Tempels hält der Bus. Ein imposanter Eingang führt zum Innenhof, vor dem auch wir unsere Schuhe ausziehen. Wir bewundern die Schreine mit den für unsere Augen absonderlichsten Götterbildern. Ein paar Straßen weiter stehen Tische und Stühle vor den Geschäften. In den Garküchen kann man sich sein Essen aussuchen, zum Beispiel gebratene Entenhälse mit Kopf dran. Nein danke, wir sind noch zu satt von den indischen Köstlichkeiten.

Der Riverwalk ist unser nächstes Ziel. An der Seite des Singapur Rivers schlendern wir am Ufer entlang und lassen uns in einem der unzähligen, sich aneinander reihenden Restaurants verwöhnen. Wir haben Durst und suchen uns einen schönen Platz am Wasser aus. Das kühle Bier schmeckt himmlisch nach diesem heißen Tag.

Hmm ...Chillie Crab. Nationalgericht

Wir bestellen, was uns der Reiseführer empfohlen hat: Chillie Crab! Kurz darauf präsentiert der Kellner uns einen lebenden Krebs mit handtellergroßem Panzer. Wir sind mit der Größe einverstanden. Es werden kleine, mit Wasser und Zitronenscheiben gefüllte Schälchen gebracht, ebenfalls ein Teller mit zwei „Nussknackern“ und langstieligen Löffeln, die auf der einen Seite eine kleine Gabel haben. Ich mache große Augen: Wir sollen den Krebs selber auseinander nehmen? „Arbeit naht“, ist Erhards nüchterne Auskunft. „Hast du das schon einmal gemacht?“ „Das werden wir schon hinbekommen“, ist seine immer so wunderbar beruhigende Antwort. Der Krebs wird uns kurz darauf in der Schale, mit einer roten Sauce und kunstvoll garniert, serviert. Die Sauce ist höllisch scharf, halt Chillie, und mit dem Krebs werden wir auch fertig. Wir genießen den Abend. Es ist richtig romantisch mit den vorbeiziehenden kleinen, bunt beleuchteten Bötchen, der Musik im Hintergrund, der stillen Kerze auf dem weiß gedeckten Tisch, in der schwülwarmen Luft, den hell beleuchteten Wolkenkratzern, die bis in den Himmel ragen, und der dazwischen altehrwürdig erscheinenden runden Kuppel des alten Museums. Gegen Mitternacht kehren wir zurück zur RICKMERS HOUSTON.

Am nächsten Morgen führt uns der Weg zum World Trade Center, wo auch das Cruise Center ist. Täglich kommen hier Kreuzfahrtschiffe an und es herrscht ein lebhaftes Treiben. Hoch oben schwebt die Cable Car und bringt die Besucher nach Sentosa Island, einer Art Vergnügungsinsel. Aber wir fahren wieder zum Riverwalk, schauen uns nun bei Tageslicht ein wenig dort um und lassen uns später zur Marina Bay fahren.

Riverwalk, altes chinesisches Lagerhaus

Danach geht es zum National Botanic Garden. Ich habe richtig Verlangen nach Pflanzen, Ruhe, Blumen, bunten Farben, Pflanzendüften, Vogelgezwitscher. Der Park ist bildschön angelegt und wir streifen sogar durch ein Stückchen Regenwald. Fremdartige Bäume mit unendlich großen Wurzeln, Sträucher, Lianen und unzählige tropische Pflanzen umgeben uns. Zum Botanischen Garten gehört auch der Orchid Garden, wo Tausende von Orchideen zu bewundern sind. In einem schönen, klimatisierten Restaurant, mitten im Ingwergarten, genießen wir die kühle Atmosphäre.

Mit der MRT, der hiesigen U-Bahn, und dem Bus machen wir uns später auf den Weg zum Zoo. Dort haben wir eine Night Safari gebucht. Bei Anbruch der Dämmerung werden wir mit kleinen elektromotorgetriebenen offenen Bussen durch den nur an wenigen Stellen spärlich beleuchteten Zoo gefahren. Es ist eindrucksvoll, die Tiere im Dunkeln zu beobachten und dabei gemütlich im Wagen zu sitzen. Einfach genial. Im Zoo gibt es keine Gitter und Zäune, die gefährlichen Tiere sind durch Wassergräben oder andere unsichtbare Hindernisse von den Zoobesuchern getrennt. Eine Teilstrecke gehen wir zu Fuß durch den dunklen Regenwald, sehen dort viele Tiere und ca. 50 cm große Fledermäuse, die direkt über unseren Köpfen hängen. An der Ranger Station dürfen wir ein Stück Nashornfell befühlen. Es ist etwa 2 cm dick und hart wie ein Brett. Man drückt uns auch einen Stachel vom Stachelschwein und ein Haar vom Giraffenschwanz in die Hand. Wir sind von der interessanten Fahrt begeistert. Nach einem langen Weg durch das nächtliche Singapur erreichen wir nach Mitternacht wieder unseren Kai und erklimmen auf der wackeligen Gangway unser Zuhause.

Punkt 7 Uhr sind am nächsten Morgen die Trossen gelöst und die Reise geht weiter. Noch einmal vorbei an der imposanten Kulisse der Stadt, die sich weit ausbreitet, und vorbei an den vielen, vielen Schiffen, die hier auf Reede liegen und auf ihre Einfahrt in den Hafen warten. Eine wunderbare Stadt, ein rundum gelungener Aufenthalt, alles ist bestens, es hat uns hier sehr gefallen.

Ella hat inzwischen „abgemustert“ und nach dem Krankenhausbesuch ihre Koffer gepackt. Abends erschien die Taxe, um sie zum Flughafen zu bringen. Zwei Koffer von ihr stehen noch an Bord und sollen bis Hamburg weiter mitfahren. Ihre übrige Habe ist in unzähligen Plastikbeuteln verschwunden.

Nun kann Marcel wieder seine Späßchen machen, die vorher nicht immer so gut ankamen, weil Ella bisweilen pikiert war. So haben wir z. B. täglich eine „Speisekarte“, die der Chefkoch liebevoll mit einem zweifarbigen Kuli auf den Zettel eines Zettelblocks schreibt und in eine total überdimensionierte Plastikhülle steckt.

M/V RICKMERS HOUSTON
FEB. 8. 02
FRIDAY
BREAKFAST
CHILLED APPLE JUICE, CORN FLAKE, FRESH MILK, HASHED CORN BEEF, EGG TO ORDER, BREAD, BUTTER, CHEESE, JAM, TEA, COFFEE.
LUNCH
CHICKEN NOODLE SOUP, FRIED FISH, BOILED STRING BEANS, FRIED RICE, SALAD, FRUIT GRAPES, BREAD, BUTTER, TEA, COFFEE.
DINNER
SOUP OF THE DAY, STEAK A [illegible] / PEPPER GREEN FRENCH FRIES POTATO, BREAD, BUTTER, CHEESE, ASST'D SAUSAGE, TEA, COFFEE.

Frankies sehr persönliche Speisekarte

Jeder Buchstabe der Überschrift trägt eine andere Farbe und unter den Begriffen „Breakfast“, „Lunch“ und „Dinner“ sind die jeweiligen Angebote zu lesen. Abends steht immer als Erstes: „Soup of the Day“. Als eines Tages James Marcel die Speisekarte reichte, las dieser laut vor: „Aah, soup of yesterday ...“ Alles lachte, nur Ella schob ihre Tasse mit der Suppe zur Seite und meinte, dass sie nach dieser Bemerkung nun ihre Suppe nicht mehr essen könne!

M/V"RICKMERS HOUSTON" DATE: 08.03.2002 PLACE: AT SEA

SLOPCHEST PRICE LIST

ITEM	UNIT	PRICE	IN US$
MARLBORO CIGARETTES REGULAR	CTN	9.56	US $
LM' CIGARETTES USA	CTN	7.00	US $
MARLBORO CIGARETTES EUROPE	CTN	9.37	US $
GOLDEN LAGER BEER	C/S	9.17	US $
SOFTS USA 24 x .33 / CANS	C/S	8.50	US $
Coca-cola / Sprite / 7up / Fanta			
COCA-COLA / SPRITE EUROPE	C/S	7.34	US $
FANTA EUROPE	C/S	8.05	US $
SEVEN UP EUROPE	C/S	8.35	US $
SCHWEPS TONIC WATER	C/S	7.78	US $
Mineral water with gas 12 x 1 L / Singapore	C/S	13.61	US $
Mineral water without gas 12 x 1,5 L / Singa	C/S	3.33	
Mineral Water with gas 6 x 1.5 L /Europe	C/S	2.46	US $
Mineral water without gas 12 x 1,5 L / Europ	C/S	4.32	US $
TABLE WINE RED / WHITE	BTL	2.50	US $
GORDON'S GIN 1L	BTL	8.70	US $
CAMPARI 1L	BTL	8.25	US $
GILLETTE RAZORS	PCE	0.50	US $
NIVEA BODY LOTION	BTL	1.50	US $
AXE DEO -ROLL	BTL	1.00	US $
SHAVE FOAM	BTL	1.50	US $
SHAVING FOAM - RISE @ 312 g	BTL	2.00	US $
FA AFTER SHAVE	PKT	3.00	US $
SHAMPOO-HEAD & SHOULDER	BTL	2.00	US $
TOOTH PASTE COLGATE TOTAL @ 221	TUBE	4.00	US $
TOOTH BRUSH COLGATE	PCE	0.50	US $
PLANTER'S COCKTAIL PEANUT	TIN	2.49	US $
PEANUTS	TIN	1.50	US $
HALVA	BAR	3.25	US $
CHOCOLATE MILK/BITTER	BAR	0.75	US $

MASTER

Slop-Chest Price List

Heute Mittag gab uns der Kapitän eine neue Slop Chest-Liste, auf der alles aufgeführt ist, was das Seemannsherz begehrt und was man hier an Bord kaufen kann. Alle machen sich sofort ans Lesen und stellen fest, dass „the Sprinkling Water from Singapur“ besonders teuer sei, aber Marlene bemerkt: „But the tooth brushes seem to be very cheap.“ Marcel: „Maybe, they are second-hand.“ Großes Gelächter und alle schauen in Erinnerung zu Ellas altem Platz, weil man befürchtet, dass von dort wieder ein langes Gesicht zu sehen wäre. Aber sie ist ja abgereist und so können wir alle befreit aus vollem Halse lachen.

Die Malakka-Straße und die anderen gefährlichen Piratengegenden haben wir hinter uns gelassen und gestern Abend, kurz vor 21 Uhr Ortszeit und exakt um 13.03.59 UTC-Zeit, war es so weit: Wir haben den Äquator überquert! Auf dem Längengrad 106:07.90. Ich bekomme ein Küsschen von Erhard, und Marcel, der auch das erste Mal den Äquator überquert, bekommt einen Kuss von mir. Sonst passiert nichts. Keine so genannte Äquatortaufe. Aber am folgenden Tag erhalte ich von Erhard eine liebevoll gestaltete und vom Kapitän unterschriebene Urkunde und eine Flasche Sekt zur Äquatorüberquerung. War toll, diese Feier hat mir sehr gut gefallen.

Inzwischen befinden wir uns im Südchinesischen Meer und durchqueren gerade die Seestraße Selat Gelasa. Rechts von uns liegt die große Insel Bangka und davor Lepar, Liat und mehrere Winzlingseilande, links von uns Belitung, davor Mendanao, Nado und Batudiding. Schöne Namen, nicht wahr? Alle sind bewachsen mit Bäumen und Palmen, einige auch bewohnt. Durch das Fernglas ist der gelbe Sandstand mit unzähligen auf Stelzen gebauten Häusern zu sehen, davor bunte Fischerboote. Ich wundere mich, wie so viele Menschen auf solch einem kleinen Platz leben können. Wovon leben sie? Nur vom Fisch?

Wir begegnen unterwegs vielen, vielen Fischerbooten und zwei Holztransportern, die große Berge von dicken Stämmen an Deck aufgetürmt haben. Ein Schlepper zieht die flachen Kähne und oben auf den Holzstämmen sitzt winzig klein ein einsamer Mann.

Am nächsten Tag legen wir frühmorgens im Dunkeln im Hafen von Jakarta an. Als der Tag anfängt zu grauen - wahrhaftig zu grauen, denn entweder war Nebel oder Smog über allem - und ich auf das Wasser des Hafens hinunterblicke, da meine ich zuerst, es wäre Öl. So träge schwappen die kaum wahrnehmbaren Wellen.

Eine unglaubliche Menge Abfall schwimmt herum und in den Ecken zwischen Schiff und Kai ist vor lauter Müll und Unrat von der Wasseroberfläche nichts mehr zu sehen. Nichts ist mehr von der reinen Luft, die sonst fast überall am Wasser herrscht, zu spüren. Alles, aber auch alles hier rundherum im Hafen ist äußerst verwahrlost.

Nach dem Frühstück besuchen wir den Kapitän, der uns empfiehlt, zusammen mit Marlene, Mary und Marcel im Taxi in die Stadt zu fahren. Der Agent würde das schon regeln. Im Captain's Office erscheinen nach und nach immer neue Leute. Am Abend wird der Kapitän uns berichten, dass es den ganzen Tag über nicht abgerissen ist. Ein Offizieller löste den anderen ab. Jeder wollte etwas zu trinken oder einen Zettel gegen Gebühr von ein paar US-Dollars unterschrieben haben, und bevor er ging, musste der Kapitän noch Zigaretten oder Whisky rausrücken. Über 50 Stangen Zigaretten wechseln den Besitzer, fast so viel wie am Suez-Kanal!

Gegen 10 Uhr steigen wir nicht in ein Taxi, sondern erst einmal in den Privatwagen des Agenten, eine Art Geländewagen, in den wir, wenn auch etwas unbequem, so doch auf dem Rücksitz mit drei Personen und einem Platz hinten auf der Ladefläche, hineinpassen. Unterwegs versucht der Agent ein Taxi mit einem englischsprachigen Fahrer anzuheuern. Aber das misslingt, er telefoniert herum und fährt uns dann selber kreuz und quer durch die Wohngegenden von Jakarta. Das ist spannend: kleine Häuschen, aus Blechteilen zusammengebaut, manche auch aus Steinen, alles verfallen, notdürftig geflickt, unaufgeräumt und ein heilloses Durcheinander. Zwischen den Häuschen und der Straße befindet sich ein ausgemauerter Graben, der bis oben hin mit Unrat und einer undefinierbaren Brühe gefüllt ist. Der Agent hält an und ein neuer Fahrer steht uns nun den ganzen Tag zur Verfügung und kurvt uns durch Jakarta. Marcel hat auf einem Zettel die Stationen notiert, die wir gern sehen wollen. Der Zettel ist der Wegweiser für den Fahrer, denn unterhalten können wir uns leider nicht mit ihm. Er versteht uns nicht und wir verstehen ihn nicht.

Der Verkehr brodelt durch die Straßen. Viele Mopeds und Radfahrer bahnen sich den Weg durch die Menge. Beide sind oft mit zwei Erwachsenen und zwei Kindern überbesetzt und führen ein ziemlich gefährliches Leben!

Zuerst wollen Mary und Marlene in ein Kaufhaus. Das ist ganz reizvoll, denn dort gibt es eine ganze Etage mit heimischen Holzschnitzereien und handgemalten Holzartikeln zu bewundern. Im anderen Stockwerk sind traditionelle Batiken ausgestellt. Sehr schön, aber nicht ganz billig. Im Kellergeschoss ist der Supermarkt mit Lebensmitteln untergebracht. Aus dem Kaufhaus heraus darf man sich nicht wagen, denn sofort umschwärmen einen dann die vielen Händler, die aus Holz gefertigte Waffen anbieten: Zusammenschraubbare lange „Holzrohre“, in die ein Pfeil gelegt und abgeschossen werden kann. Auch alte Säbel kann man bekommen.

Danach geht es auf den breiteren Straßen der City vorbei am Mahabharata Monument, der katholischen Kathedrale, dem Präsidentenpalast und dem National Monument. Alles erinnert mich an die Kolossalbauten in Russland. Der alte Fatahillah Square mit der Old Batavia City Hall hingegen wirkt immer noch sehr holländisch. Jakarta hieß früher Batavia. Der Holländer Jan P. Coen wollte eine ähnliche Stadt wie Amsterdam aus Batavia machen und ließ viele Kanäle bauen. Jedoch vermehrten sich darin vor allem die Moskitos, die den Holländern dann auch den Tod statt den ersehnten Ruhm brachten.

Nachmittags will Marcel zu einem traditionellen Markt. Was wir dort erblicken, ist fast unbeschreiblich. Es wird alles nur Denkbare auf den Straßen angeboten. Unter einem Dachüberhang schläft in einem großen Tuch ein Baby. An dem Tuch ist ein Band befestigt, an dem die größere Schwester zieht und so den Säugling schaukelt, während die Mutter ihr das Haar ordnet. Ein paar Meter weiter werden Fische angeboten. Wunderhübsch, in allen Farben und sehr vielfältig, aber die meisten sind übersät von dicken Fliegen. Kaum zu glauben, dass so etwas noch essbar sein soll.

Als Letztes fahren wir nach Sunda Kelapa. In diesem über 400 Jahre alten Hafen ankern noch heute ausschließlich dickbäuchige Prahus, hölzerne Segelschiffe, die von den Eingeborenen auf Sulawesi in großer Meisterschaft und nach alter Tradition ohne Metall gefertigt werden. Sie transportierten früher Kopra, heute die Edelhölzer von den kleinen Inseln nach Jakarta. Drahtige Männer balancieren die schweren Holzteile über schmale Stege an Land. Eine Knochenarbeit für die Tagelöhner, die im Akkord arbeiten. Ein beeindruckendes Erlebnis für uns.

Sunda Kelapa, ein 100 Jahre altes Segellastschiff

Um 17.30 Uhr sind wir zurück auf dem Schiff, denn um 19 Uhr soll abgelegt werden. Inzwischen scheinen wenigstens all die Händler und Händlerinnen, die dann und wann wohl auch schon einmal bei dem einen oder anderen Seemann persönlich „die Hemden anprobieren“, vom Schiff verschwunden zu sein.

Die Verladung der Fracht geschieht allein mit unseren bordeigenen Kränen und in einer sehr langsamen und für uns scheinbar total chaotischen Vorgehensweise. Die Seeleute sind ziemlich geschafft, denn solch ein Treiben an Bord unseres Schiffes ist für alle ungewohnt. Der arme Erste Offizier kam uns vorhin schweißüberströmt entgegen und erzählte, dass er in den vergangenen 24 Stunden kaum Schlaf bekommen hat. Sechs Stunden nach dem geplanten Auslaufen sind dann endlich auch die letzten beiden großen Raupenmaschinen an Bord und der Gabelstapler wohl zum fünften Male ein und ausgeladen. Wie die Containeraus- und -einladung am Nachbarschiff vor sich geht, will ich lieber nicht erzählen. Haarsträubend gefährlich! Zum Glück gibt es kurz nach dem Auslaufen einen großen tropischen Regenguss, der uns allen wenigstens den Eindruck des Wegspülens von dem Jakartaschmutz vermittelt.

Jakarta bis Hongkong

Wir befinden uns inzwischen wieder nördlich des Äquators, zwischen Borneo und den Inseln Pulau Seraya und Subi Besar. Die Hitze lähmt unsere Aktivitäten. Die Quecksilbersäule klettert auf 35 Grad. Der Kapitän erscheint zum Essen im Trägerhemd mit dem Aufdruck des FC Bayern München. Das Trinken ist lebenswichtig geworden.

Die gut klimatisierte Brücke lädt zum Aufenthalt ein. Hat der 3. Offizier Wache, begleitet laute Radiomusik die mehr oder minder quietschenden Funkgespräche. Hin und wieder ergreift er oder einer der ihn oft besuchenden Filipinos auch den Hörer und beteiligt sich lachend am Gespräch.

Auf dem Vorschiff suchen wir uns zwischen der Ladung unseren nach jedem Hafen anders aussehenden Weg zum Bug.

Blick auf die Ladeluken

Die Druckbehälter des Schiffes müssen alle zweieinhalb Jahre einer Inspektion unterzogen werden. Die Arbeiten beanspruchen drei Tage und können nur im Hafen durchgeführt werden, wenn die Maschine nicht läuft. Es wird heftig darüber debattiert, welches Klima in Shanghai, dem geplanten Inspektionsplatz, herrschen könnte. Mary befürchtet ohne Heizung nicht auskommen zu können und meint, der Kapitän solle vorsichtshalber Elektroheizöfen bestellen, damit die Passagiere sich damit ihre Kabinen heizen können. Mir erscheint die Unterhaltung ein wenig irreal, da ich im Swimmingpool plansche und anfange zu schwitzen, sobald ich ihn verlasse!

In Hongkong werden wir möglicherweise nur ein paar Stunden, höchstens einen Tag bleiben. Auf jeden Fall ist ein Hafenaufenthalt nicht vorgesehen. Wir werden auf Reede bleiben und Schuten werden dort unsere Fracht übernehmen.

Unsere Fahrt geht weiter im Südchinesischen Meer zwischen Borneo, Vietnam und Kambodscha. An Backbord liegen die Inseln Bungaran und Natuna Utara. Die Luftfeuchtigkeit und die Temperatur nehmen allmählich ab.

Bei spiegelglatter See ist unsere Heckwelle bis zum Horizont sichtbar. Ein kleiner Vogel mit gelb-grünem Schwanz begleitet uns laut piepsend.

Hongkong bis Dalian

Nach dem Lunch gehen wir zur Brückennock und halten Ausschau nach China. Das erste Mal seit langem ist es diesig, ja fast schon neblig, draußen. Ausgerechnet heute! Erhard hat sich seit Monaten seine Einfahrt in den Hafen von Hongkong vorgestellt, aber bestimmt nicht bei Nebel!

Schwimmkran und Lastkähne längsseits

Nach einiger Zeit kriechen schemenhaft die Umrisse von Inseln aus dem Dunst hervor. Ein bisschen komme ich mir vor wie ein Entdecker, der Ausschau nach fremden Ländern hält. Kurz bevor der Lotse wieder an Bord kommt, können wir auf den hohen Felseninseln Einzelheiten ausmachen. Auf einer Insel sehen wir eine große Anzahl von Parabol- und anderen hohen Antennen. Auf einer anderen lockt ein Vergnügungspark mit Achterbahnen, Riesenrad und Bungee-Jumping-Anlage. Gegenüber entdecken wir auf der Bergspitze eine Art Pagodentor und unendlich viele Treppen, die hinaufführen. Dann aber tauchen immer mehr Hochhäuser auf. Mehr und mehr werden es hinter jeder Felseninsel und höher und höher werden sie. Ein schier unglaublicher Anblick! Die kühnsten Architekten haben hier offensichtlich ihrer waghalsigsten Phantasie freien Lauf gelassen.

Eben ist unser Anker vor Hongkong ins Wasser gefallen und schon haben in Windeseile auf jeder Seite des Schiffes mehrere abenteuerliche Lastkähne festgemacht. An Bord werden die Ladeluken geöffnet und die ersten Kräne beginnen mit ihrer Arbeit.

An der Steuerbordseite unseres Schiffes liegen bereits vier Lastkähne nebeneinander im Päckchen und ein fünfter nähert sich gerade. Auf der Backbordseite sind es zwei. Die Gangway ist ein Stück heruntergelassen. Auf den Lastkähnen herrscht ein buntes Treiben: Meistens sind zwei Leute vorne im Schiff beim Laden behilflich oder warten auf die Fracht, die von unseren Kränen hinübergehievt wird. Die restliche Besatzung der Kähne sitzt im Heck ihres Schiffes. Dort findet das Familienleben statt und es wird gekocht, gegessen und geschlafen. Ein Kahn hat sogar eine ganze Reihe von Blumenkübeln an Bord, eine Blumenampel und eine große Pflanze, die sich wie ein Schatten spendender Baum über die Abdeckung des Cockpits breitet. Es ist idyllisch anzuschauen und erinnert mich sehr an deutsche Schrebergärten.

Zum letzten Mal für eine lange Zeit nutzen wir den Pool, in dem das Wasser heute erfrischend kühl ist, sodass wir beim Hineintauchen die Luft anhalten müssen. Danach machen wir uns landfein und stellen die Rucksäcke parat. Plötzlich erscheint Marcel bei uns in der Kabine: „Stellt euch vor, die wollen 170 HK$ für ein Wassertaxi von uns haben! They are crooks! Was wollt ihr machen? Mary und ich wollen diesen hohen Preis nicht bezahlen, dann bleiben wir lieber an Bord, es ist sowieso schon spät und wir beide kennen Hongkong," ist seine Auskunft. Erhard will unbedingt von Bord gehen, um mir Hongkong zu zeigen.

Also steigen wir hinunter zum Captain's Office und Erhard verhandelt dort mit dem Agenten. „Ist es nicht möglich, ein billigeres

Taxi zu bekommen?“ Enttäuschendes Grinsen und abwehrendes Händegefuchtel ist die Antwort. „Banditen!“, schießt es mir durch den Kopf, „die wissen genau, dass wir gern von Bord gehen wollen und erpressen uns jetzt mit diesem Preis! Richtig gemein!“ Aber mein Erhard gibt ja nicht so schnell auf! Er weiß, dass ein paar neue Crewmitglieder heute an Bord kommen sollen. Der Agent will sie vom Flughafen abholen. Wann will der Agent zum Flughafen fahren? „Ja, eigentlich jetzt“, ist seine Antwort. Um 23.15 Uhr soll die neue Crew in Hongkong landen, wenigstens eine Stunde würde es dauern, bis er dann mit diesen Leuten am Star Ferry Terminal wäre. Na, dann können wir doch mit ihm kommen und vom Star Ferry Terminal heute Nacht wieder mit ihm zurückfahren? „Yes, okay.“ „And what is the price?“ „Oh, this is free of charge.“ Na klar, da sind wir aber hurtig in unserer Kabine und holen die Rucksäcke. Marlene will ebenfalls mit und ist auch in wenigen Minuten abreisebereit.

Das Wassertaxi presst seine von mehreren alten Autoreifen geschützte Nase gegen unsere Bordwand, wir kommen die Gangway hinunter und klettern auf das Boot. An den Haltestangen am kleinen Boot hangeln wir uns dann bis ins Schiffsinnere und sitzen dort auf den schmalen Bänken. Es dauert nur wenige Augenblicke, bis das Taxi davonprescht. Wahrhaftig prescht. Die Wellen spritzen bis an die Fenster hoch, das kleine Schiff donnert dröhnend und krachend durch die vielen Bug- und Heckwellen der unzähligen Schiffe und kurvt um die kleinen Inseln herum. Ich hänge mit meiner Nase an der Scheibe, klammere mit den Armen an Haltegriffen und spähe in die inzwischen dunkle Nacht hinaus. Durch die nass gespritzten und natürlich trüben Fenster versuche ich so viel wie möglich zu erkennen. Die bisher gesehenen Hochhäuser waren schon faszinierend, aber was sich nun auftut, wird immer toller. Die abenteuerlichsten Architektenkreationen, beleuchtet in den schönsten Farben. Ein Hochhaus wechselt ständig seine Farbe, mal ist es gelb, dann grün, dann blau oder rot beleuchtet. Einfach faszinierend! Etwa 25 Minuten brauchen wir, trotz der schnellen Fahrt, von unserem Ankerplatz, der fast genau zwischen den Inseln Hongkong Island und Lantau Island liegt, bis zum legendären Star Ferry Terminal.

Dort geht es dann im Eiltempo von Bord und wir müssen zusehen, dass wir uns in diesem unglaublichen Menschengewimmel nicht verlieren, denn der Agent, sein Hilfsmann und Erhard stürmen voran und Marlene und ich versuchen, so schnell wie möglich hinterher zu kommen. Vor dem Office des Tourist-Centers treffen wir uns wieder. Aber es hat geschlossen. Der Agent wollte uns freundlicherweise hier einen Stadtplan besorgen. So gibt er uns eine Visitenkarte mit seiner Nummer. Die Handynummer vom Kapitän an Bord der RICKMERS HOUSTON haben wir auch dabei, alles natürlich nur für den Notfall. Schon sind die beiden Chinesen im Meer der Asiaten verschwunden und wir schauen uns erst einmal um. Hier also sollen wir uns um Mitternacht wieder treffen. Etwa vier Stunden haben wir zur Verfügung und aller Voraussicht nach sollen es die einzigen für diese Riesenstadt bleiben.

Marlene will nicht allein gehen und fragt, ob sie bei uns bleiben darf. Natürlich darf sie. Wir bummeln los und ich muss sagen, ich habe Probleme, mich an diese ungeheuren Menschenmassen zu gewöhnen. Es ist schlimmer als ein Bummel über den Hamburger Dom am Samstagabend. Menschengeschiebe! Um uns herum kleine Läden, Straßenhändler mit Zeitungen und Erfrischungen, hinter ihnen wachsen die Häuser in den Himmel, an den Wänden grelle, riesenhafte Reklametafeln, einige von ihnen als großer Bildschirm. Laut plärren daraus entweder Lieder, Nachrichten oder Werbung. Ein vielfältiges Farbengewirr und Lichtergeflacker, ich weiß gar nicht, wohin ich zuerst schauen soll.

Vom Star Ferry Terminal führen Rolltreppen direkt in eines der Einkaufszentren hinein, das Ocean Terminal Center. Es ist ein riesiger Einkaufspalast voller Springbrunnen, Marmortreppen und natürlich vielen Geschäften.

Doch zunächst brauchen wir Devisen und suchen den Money Changer. Das Marco Polo Hotel bietet sich an. Schon sind wir in der riesigen Empfangshalle und fragen, ob man uns Geld wechseln würde. „Are you guests here?“ „Not now.“ „Please change your money outside, just round the corner.“ Okay, also wieder raus, dieses Mal nur zur anderen Seite, da finden wir den Geldwechsler.

Große, elegante Läden in der Nathan Road wechseln mit kleineren, es gibt ein Chinese Articles Kaufhaus, das auf uns exotisch genug wirkt, um es zu betreten und zu schauen, was hier angeboten wird. Viel Unbekanntes gibt es zu bestaunen, viele Handarbeiten, Seidenstickereien und verzierte Kleidung und vor allem ist alles, sehr, sehr bunt.

Die Menschenmassen scheinen nicht weniger zu werden. In Hongkong leben 25.000 Einwohner pro km^2, zudem hat die Stadt jährlich 13 Millionen Besucher. Diese Menschen müssen irgendwo untergebracht werden! Im Vergleich dazu hat Hamburg 2257 Einwohner pro km^2.

Wir befinden uns auf Kowloon, der großen Halbinsel nördlich von Hongkong Island, die mit dem chinesischen Festland verbunden ist. Wohin man schaut, ragen die Hochhäuser bis in den Himmel und nicht nur glatte, verspiegelte Fassaden, wie an den neuen, modernen Hochhäusern, nein, auch die älteren Hochhäuser faszinieren uns, an denen noch unter jedem Fenster der Kasten einer Klimaanlage aus der Wand ragt, Wäsche aus den geöffneten Fenstern oder auf dem Balkon hängt und Blumen und Pflanzen überall zu finden sind. Auf den Straßen sieht man immer wieder Bäume und Grünanlagen zwischen all den Häusern. Fremdartige Bäume mit großen Wurzeln und uns unbekannten Blüten.

Bald wissen wir nicht mehr, in welcher Straße wir uns befinden, haben nur noch die grobe Richtung im Kopf. Aber den Star Ferry Terminal wird hier wohl jeder kennen. Wir suchen nach einem Restaurant, denn Marlene hat Hunger. Seafood wäre gut, das gefällt uns allen. Zwischen der Leuchtreklame, deren Tafeln teilweise über die ganze Straße gespannt sind, entdecken wir ein Seafood-Restaurant und staunen nicht schlecht, als im Eingang ein Aquarium neben dem anderen steht, in denen die eigentümlichsten Fische und Krebse herumschwimmen. Shrimps in allen Größen und Farben, Muscheln aus denen lange, wie Ochsenzungen aussehende „Leiber" heraushängen, Krebse, deren Scheren mit bunten Bändern zusammengebunden sind, und viele weitere farbenfrohe, kleine und große Fische. Eine Rolltreppe führt hinunter ins Restaurant. Es sieht sehr feudal und teuer aus. Nach einem kurzen Blick ins Innere des Restaurants machen wir lieber wieder kehrt. Hierfür haben wir wahrscheinlich nicht genügend US-Dollar gewechselt!

Ein Stückchen weiter lesen wir auf einem Plakat: „Shrimps Wan Tan with noodles and vegetable soup". Geschäftstüchtig kommt ein Chinese aus dem Laden und liest uns alles noch einmal vor: „Yes, yes, nice seafood!", preist er seine Speisen an. Wir lassen uns überreden, die Bedienung strahlt und wir setzen uns an einen kleinen runden Tisch zwischen lauter Einheimische. Aber wie soll man essen? Es bleiben nur die Stäbchen und der Porzellanlöffel! Dauernd habe ich einen Finger zu viel oder zu wenig oder die Nudeln sind zu dünn oder der Wan-Tan-Kloß zu dick oder das Gemüse zu rutschig! Mist aber auch. Bloß nicht blamieren! Ich hätte ja zu Hause üben können! Also erst einmal Suppe löffeln und vorsichtig zu den Nachbartischen schauen. Meine Güte, sind die geschickt! Aber sehr appetitlich sieht das bei denen auch nicht aus! Irgendwie schaffe auch ich es, ein paar Bissen zum Mund zu führen. Die Kassiererin, die mich wohl unbemerkt beobachtet hat, reicht mir und Marlene lächelnd eine Gabel. „Ach, der Himmel schickt dich, Engel", denke ich. So kann ich gut essen! Wahrscheinlich zum größtem Gräuel der Chinesen.

Dann spazieren wir durch die hell erleuchteten, bunten, menschengefüllten Straßen. Obwohl es spätabends ist, sind alle Läden noch geöffnet. In den engen Seitenstraßen, die uns viel mehr interessieren als die Prachtboulevards, finden wir kleinere Geschäfte und erstehen dort einige Souvenirs.

Über die leicht abschüssigen Straßen geht es zurück Richtung Wasser. Wir kommen am imposanten, altehrwürdigen Peninsula Hotel, dem Museum of Modern Art, dem Museum of Art und dem in einem eiförmigen Gebäude untergebrachten Space Museum vorbei und verbringen die restliche Zeit am Ferry Terminal. Hier bewegen sich bunte Vögel, Drachen und Blumen aus beleuchtetem Stoff im Wind. Sogar die Elektrokabel sind in bunten Farben.

Es ist fast Mitternacht. Wir verstauen unsere Einkäufe in den Rucksäcken, damit wir nachher unsere Hände für das Wassertaxi freihaben. Erneut geht es schnell um die kleinen Inseln herum und durch ein Gewimmel von großen Schiffen, kleinen Zubringerbooten, Schwimmkränen, die von Schleppern gezogen werden, und vielen Fischerbooten, die den Hafen bevölkern. Unsere RICKMERS HOUSTON ist hell erleuchtet. Es wird noch gearbeitet. Die Begrüßung der neuen Seeleute ist herzlich, da einige sich von früheren Fahrten schon zu kennen scheinen.

Die Abfahrt unserer alten Crew am nächsten Morgen wollen wir nicht verpassen. Deshalb stehen wir schon vor Sonnenaufgang wieder an Deck. Vielleicht beschert uns Petrus ja einen Sonnenaufgang ohne Nebel und Dunst? Der Eisenträger hinter unseren Schlafzimmerfenstern rumpelt. Die Koffer und Taschen der abreisenden Seeleute sind in einem großen Transportnetz zusammengebunden und hängen nun am Eisenträger außenbords parat. Der schon seit Wochen bis zu den Ohren strahlende Koch und einige andere Filipinos stehen in Reisekluft an Deck. Nach mehr als einem Jahr dürfen sie endlich zurück zu ihren Familien. Alle sind aufgeregt, knuffen und puffen sich, machen Scherze, lachen in hohen Tönen, einer singt sogar fröhliche Lieder. Wir schauen ihnen gerne zu. Der Chief Officer ist ebenfalls eingetroffen, obwohl er heute Nacht nur eine Stunde geschlafen hat. Er kümmert sich sehr um alles hier an Bord.

Wir sind bereit zum Auslaufen und nach der Abreise der Crewmitglieder schon bald wieder im offenen Meer.

Seit fast zwei Monaten sind wir unterwegs. Warum erhalte ich keine Nachrichten von zu Hause? Wir haben zwar gesagt: „ Nur im Notfall!“, aber nun, nun scheint bei mir der Notfall eingetreten zu sein und ich habe Sehnsucht nach Informationen von meinen Lieben daheim.

Der Wind pustet heftig, die Wellen zeigen viele weiße Schaumkronen, die von dem Wind in einzelne schleierartige Fäden zerrissen werden. Im Gang halte ich mich an den Holzgriffleisten fest und steige entweder den Flur hinauf oder gehe hinab, je nachdem, in welche Richtung das Schiff sich gerade bewegt.

Wir befinden uns in der Taiwanstraße zwischen der großen Insel Taiwan und dem chinesischen Festland. Backbords liegen die chinesischen Inseln Dongshan Dao, Xiamen Dao und Jinmen Dao, steuerbords sind Taiwan die Inseln Hsi Yü und P'eng-Hu Tao vorgelagert.

Den ganzen Tag haben wir nur wenige Meilen Sicht. Von China haben wir bisher also nur um Hongkong herum etwas gesehen. Schade. Hoffentlich wird das Wetter bald wieder besser. Der sehr rasche Klimawechsel von den tropischen Temperaturen zu jetzt nur noch 19 Grad hat dazu geführt, dass der Chief Mate eine dicke Erkältung hat und stark hustet. Erhard geht es ebenso.

Der Körper muss auf dieser Reise allerlei verkraften. Gut, dass wir relativ fit an Bord gekommen sind. Der Kapitän erzählt, dass erst in der Nähe von Panama wieder die Möglichkeit zum Baden besteht. Ich mag das gar nicht glauben.

Am Nachmittag gibt es Rescue Exercise. Der Kapitän warnt die Passagiere freundlicherweise schon vorher, dass die Alarmsirene losgehen wird und wir uns mit der Rettungsweste am Rettungsboot einfinden sollen. Der Chief Mate erklärt uns, dass man möglichst viel Kleidung übereinander ziehen sollte, da einen das Wasser, egal welche Temperatur, ganz schön abkühlt, falls man hineinfällt. Er ruft seine Leute zu dritt ins Rettungsboot und zeigt ihnen, wie man den Motor starten muss. Auch Erhard und Marcel klettern hinein.

Erhard im Rettungsboot

Ein Frachtschiff zieht in einiger Entfernung im Dunst an uns vorbei. Viele, viele Fischerboote tummeln sich im Meer. Nun frage ich mich, ob diese Fischer wohl auch gestern und vorgestern, als es so neblig war, hier draußen gewesen sind? Wie gefährlich ist das für sie? Ob sie wohl Radar haben?

Mary hat vorgestern wieder einen ihrer Spezialwünsche in Bezug aufs Essen an James herangetragen. Nun ist sie sehr zufrieden mit dem, was James ihr an den Abendbrottisch bringt, und sagt zu ihm: „Oh, James, you are better and better every day. I think, when my voyage is finished, I will take you home." Kichernd verschwindet James wieder in der Küche. Ob er es wohl als Lob oder als Drohung aufgefasst hat?

Die Gerichte des neuen Kochs schmecken anders, und das ist auch für uns, die wir seit zwei Monaten an Bord sind, eine erfreuliche Wende. Dennoch gibt es für unseren Geschmack immer noch viel zu viel Fleisch. Schon morgens gebratene oder gebrühte dicke Würste, dazu triefende Speckstreifen und überbratenes Frühstücksfleisch aus Dosen. Der nur morgens servierte und täglich wechselnde Saft ist hingegen himmlisch. Wenn wir nicht zu weit vom letzten Hafen entfernt sind, gibt es auch Joghurt. Toastbrot, Butter, verschiedene Sorten Marmelade, Käse und ein Teller mit klein geschnittenen Radieschen, Frühlingszwiebeln und Tomatenstückchen runden den „Gabentisch" ab.

Mittags gibt es Salat, eine Suppe, meistens mit Fleisch- oder Fischstückchen angereichert, und eine Hauptmahlzeit, die aus Fleisch oder Fisch besteht, dazu Gemüse, Reis, Nudeln oder Kartoffeln. Der Nachtisch ist Obst. Abends stehen ebenfalls warmes Essen, Salat, Suppe, Hühnchen oder kurze, gebogene Nudeln, Mary nennt sie „ellbow-maccaroni" mit Chilliesauce und Käse überbacken auf dem Speisezettel. Dazu eine Auswahl Brot und Aufschnitt. Der Koch hat heute sogar zwei Kuchen vorbereitet. Ganz neue Perspektiven ...

Das Meer hat schon wieder seine Farbe geändert. War es im Indischen Ozean blau, in der Malakka-Straße grün, im Südchinesischen Meer wieder blau, so ist es jetzt, nördlich von Taiwan, dunkeloliv bis schwarz. Außer den ohnehin unzähligen Farben, die sich auf der Wasseroberfläche zeigen und die mich immer wieder faszinieren.

Die Fischerboote der Taiwan-Chinesen, die in einer unglaublichen Vielzahl hier auf Beute warten, kreuzen oft sehr dicht unser Fahrwasser. Sie haben im Heck einen hölzernen Aufbau, dessen Wände mit einer aufgehenden Sonne oder einem Palmenstrand bemalt sind. Auf jeden Fall aber haben die Boote hohe, rote Fahnen, sodass man sie schon von weitem gut erkennen kann. Die meisten überdimensional großen Fahnen sind dreieckig und am oberen Rand mit goldenen Trotteln verziert. Weitere goldene chinesische Schriftzeichen schmücken sie. In jedem Land sehen die Fischerboote anders aus. In Singapur waren sie mit einem stilisierten, geöffneten Drachenmaul verziert.

Die Temperatur sinkt. Das Wasser ist spiegelglatt, so, als wenn gestern überhaupt kein Sturm gewesen wäre. So viele Fischerboote haben wir noch nie um uns herum gehabt. Ich zähle allein auf einer Seite 40 Stück. Wir sind am südlichen Zipfel der großen Bucht von Shanghai mit dem Namen Hangzhou Wan im Ostchinesischen Meer.

Erhard hat am Nachmittag Fieber. Er hustet stark und isst wenig; den ganzen Tag nur einen Joghurt und eine Apfelsine.

Draußen höre ich zum ersten Mal den tiefen Klang unseres Nebelhorns. Oder ist es nicht unseres? In den dicken Nebelschleiern ist absolut nichts zu sehen. Der Dritte Offizier trippelt geschäftig mit seinen Badelatschen und den kurzen Hosen auf der Brücke herum und kommt immer wieder auf die Nock hinaus. Ich sehe auf dem Radarschirm einige dicke Punkte in unserer Nähe. Wieder ertönt ein lautes Nebelhorn. Das kommt scheinbar von links und hört sich unbekannt an. Bald darauf schiebt sich ein Containerschiff an uns vorbei. Noch drei Mal kann ich sein Horn hören, dann ist die Stimme des Schiffes vom Nebel verschluckt. Es herrscht eine ganz besondere Stimmung. Ich fühle mich wie in einen Wattebausch verpackt. Kinderphantasien tun sich auf ...

Auch die Farbe des Wassers hat sich schon wieder geändert. Es ist jetzt grüner, vielleicht wäre grün-grau die richtige Beschreibung dafür. Ich bin gespannt, welche Farbe das Wasser im Gelben Meer haben wird, das wir jetzt nach Durchqueren des Ostchinesischen Meeres fast erreicht haben. Ob das Wasser sich dort gelb färben wird?

Shanghai haben wir gegen Mitternacht passiert und befinden uns jetzt backbords zwischen Shanghai und Qindao, steuerbords liegen die ersten Inseln von Korea, die allerdings nur auf der Seekarte zu sehen sind.

Weil es Erhard nicht gut geht, bin ich allein an den Frachtstücken vorbei und über die Laschbänder zum Bug gestiegen. Streifzug an Deck: Die Wellen stieben wie ein gewaltiger Wasserfall durch die Reling und einige beherzte Tropfen setzen sich schnell auf die stählernen Platten, fließen dort zu Pfützen zusammen, warten, bis die Sonne kommt und entschließen sich dann, ihr Kleid von blauem Wasser in weiße Edelsteine zu verwandeln. Nun glitzern sie in allen Farben des Regenbogens.

Neben den weißen Edelsteinpfützen liegen die Rostteilchen. Abgeklopft von Stahlplatten, auf denen sie Jahre ausharrten, auf allen Weltmeeren Wind und Wetter, Hitze und Kälte, Tag und Nacht trotzten, bis sie eines Tages erschöpft auf den Boden fallen. Eine Seite voll braunem Rost, die andere in einer der vielen, sich im Laufe ihres Lebens oft geänderten Farben.

Romantik. Romantik an Bord eines Stahlkolosses! Gibt es das? Man muss es nur suchen! Und nach acht Wochen an Bord ist mir alles recht, da finde ich sogar die Blumen auf den Gardinen endlich schön, auch wenn sie ihr Dasein in Rostrot, Braun und Lila fristen müssen. Die Dinge, die den Geist beseelen, sind hier wahrhaftig rar.

Faszinierender Sonnenuntergang

Sobald der Blick jedoch über die Reling geht, eröffnet sich das siebente Himmelreich: Farben über Farben im einstmals naiv nur blau geglaubten Wasser. Schatten der Wolken lassen das Wasser dunkler erscheinen, Untiefen hingegen verwandeln es in eine smaragdgrüne Wunderwelt. Beim Sonnenuntergang, wenn der Himmel ein paar Wolken zeigt, die tagsüber weiß und zerzaust wie Federn dort oben entlangsegeln, dann beginnt ein Schauspiel, wie es kein Maler auf seine Leinwand bannen könnte. Das Weiß der unteren Wolkenschicht wird vorsichtig Grau, ein Grau, ganz hell, ganz zart, nur eine Andeutung, nur ein Hauch. Dahinter sind die Wolken weiß. Zum Westen hin färbt sich die Sonne immer mehr zum Gelb, zum Orange und schließlich zum Rot. Und all diese Farben lässt die Sonne in den Wolken über die ganze Welt scheinen und zeigt sie uns etwas später noch einmal im bewegten Meer, in dem sich alle Farben zusätzlich mit dem Weiß der Schaumkronen mischen. All das passiert in diesem bunten Meer.

Abends ist die Hälfte der Bucht von Qingdao durchquert und die Wassertemperatur auf 13 Grad gesunken.

Irgendwann im Laufe des Tages erreichen wir Dalian. Erhard geht es zum Glück besser, sein Fieber ist weg. Dafür befällt es nun mich. Mein Kopf fühlt sich an wie eine einzige breiige Masse. Alles tut mir weh. Und nun liege auch ich zwei Tage lang im Bett. Bis auf eine kleine Ausnahme, denn es darf ja kein Hafenaufenthalt ohne eine Überraschung vergehen! Das Telefon klingelt und der Kapitän sagt uns, dass der Immigration Officer da sei und uns beide sehen will. Ist das nicht gemein? Ich ziehe mich mühevoll an und gehe mit Erhard zusammen runter. Aus dem Captains Office ist schon lautes Debattieren zu hören. Zwei in schmucke Uniformen gekleidete Chinesen sitzen uns gegenüber auf dem Sofa. Man holt unsere Passports heraus und sagt uns, dass wir leider nicht an Land könnten, denn unser Visum sei gestern abgelaufen. Ja, ist es denn zu fassen? Nun fährt man um die halbe Welt und darf nicht an Land? Durch die vielen Verzögerungen unterwegs hat sich das Ankunftsdatum so weit verschoben, dass das Visum nun ungültig ist. Aber ich bin zu schwach, um mich aufzuregen, und außerdem würde es ja sowieso nichts nützen. Aber Marcel, dessen Visum ebenfalls abgelaufen ist, reagiert sauer. Ich will im Moment eigentlich nur noch mein Bett wieder sehen.

Über der ganzen Stadt Dalian hängt eine sandige Wolke und unser Schiff erscheint nun braungelb. Es ist der Sand aus der Wüste

Gobi. Die Lkws auf der Pier ziehen eine lange Staubwolke hinter sich her, wie auf einem Pistenweg in Afrika oder Australien. Die im Freien lagernden Frachtstücke - vor allem Blechrollen - sind mit Planen gegen den Staub abgedeckt.

Die Skyline der Stadt erhebt sich aus dem Morgennebel. Moderne Hochhäuser in interessanter Bauweise. Viele Gebäude haben auf dem Dach Verzierungen: mal eine Kuppel, mal mehrere pagodenförmige Dächer übereinander.

Dalian

Nicht viele Menschen sind unterwegs, aber ein Mensch ist überdeutlich zu sehen: der Chinese in seiner hübschen, dicken Uniform und der bunten Mütze, der direkt neben unserer Gangway steht. Wie angewurzelt. Er muss bei neun Grad Temperatur dort ausharren und aufpassen, dass wir ja nicht an Land gehen! Armer Kerl!

Ein Wächter vor unserer Gangway

Im nächsten Hafen will der Kapitän uns auf die Crewliste setzen, dann bekommen wir lediglich einen Offshore-Pass, so wie die Seeleute, die kein Visum brauchen.

Vom Supercargo haben wir erfahren, dass man vom nächsten Hafen Xingang bei der Stadt Tianjin nur ca. drei Stunden Autofahrt zur Chinesischen Mauer braucht. Schon planen wir Passagiere natürlich, einen Ausflug dorthin zu machen. Aber mit den Planungen ist das ja immer so eine ganz besondere Sache! Werden wir im Hafen anlegen oder vor Anker gehen? Brauchen wir ein Wassertaxi? Wie bekommen wir eines? Wer kann uns an Land ein Taxi für fünf Leute besorgen? Wie einigt man sich über den Preis und in welcher Währung bezahlt man? Woher bekommt man Devisen? Gibt es auch Englisch sprechende Taxifahrer? Alles nicht so einfach! Auf dem Weg zur Mauer würden wir Beijing, das früher Peking hieß, passieren. Marlene will auch noch die Stadt besichtigen ...

Da kommt der Kapitän: „Bad news!“ Wir werden erst gegen 16 Uhr in Tianjin sein und am nächsten Mittag bereits wieder auslaufen. Zu wenig Zeit für den geplanten Ausflug! „Wir könnten doch am Morgen um vier Uhr losfahren und wären dann sechs Stunden später wieder hier an Bord. Wäre das nicht möglich?“, bitten wir. Aber es ist nichts zu machen. Er will nicht riskieren, mit seinen Löscharbeiten fertig zu sein und auf uns warten zu müssen. Jeder weiß: Ein Frachter wartet NIEMALS auf die Passagiere! Und, ganz ehrlich, auch uns ist die Sache zu heikel. Also, vergessen wir die Chinesische Mauer. Schade.

Übrigens fahren wir diesen etwas merkwürdigen Kurs Richtung Norden und dann wieder zurück Richtung Süden nicht, wie von uns vermutet, wegen Frachtterminen, sondern, weil unser Schiff einen zu großen Tiefgang hat und es deshalb nötig wird, erst etwas Fracht auszuladen.

Unser Aufenthalt hier in Dalian sollte ursprünglich nur ein paar Stunden dauern. Aber draußen tut sich wenig nach unserem Anlegen. Die Auskunft lautet: „We are waiting for a barge.“ Nun sind wir schon zwei Tage hier. Heute Abend um 18 Uhr soll es weitergehen und die Überfahrt bis Xingang wird nur 15 Sunden dauern.

Trotz unserer gesundheitlich schlechten Verfassung gibt es eine ganz besondere Krönung des Tages: Wir erhalten unsere erste Fax-Nachricht von zu Hause und die Worte „Hallo Mama, hallo Erhard“, haben nach zwei Monaten einen so wunderbaren Klang für mich, dass meine Augen schlagartig feucht werden.

Dalian bis Tianjin

Ja ja, die Chinesen: Erst verstecken sie ihr Land in großen Nebelbäuschen, dann stülpen sie eine Mütze von Wüstensand darüber und schließlich halten sie eisern Wache, damit niemand ihr Land betritt.

In Dalian geht alles im alten Stil ziemlich militärisch zu. Am Nachmittag strebt ein rot behelmtes Männchen mit neun weiß behelmten Männchen schnurstracks auf unser Boot zu und macht Anstalten, die Gangway zu ersteigen. Aber, wie schon erwähnt, davor wacht wie ein Löwe der hübsch uniformierte Chinese mit seiner fellgefütterten Mütze auf dem Kopf. Es gibt eine halbe Stunde lang ein großes Palaver und Mr Rothelm wird immer ärgerlicher, weil der Chinese ihn nicht durchlässt. Er gestikuliert wild herum, sein Gesicht nimmt die Farbe seines Helmes an, er zeigt zum Schiff, zu den Kränen, zu der Fracht auf dem Kai, lässt seine Weißhelme vortreten und Zettelchen zeigen, aber, ein Erfolg stellt sich überhaupt nicht ein. Der uniformierte Chinese hat wohl einen Befehl, und damit Basta! Immer und immer wieder versucht es Mr Rothelm und eigentlich muss er wohl schon fast heiser sein, so sehr schreit er den Uniformierten an. Aber es passiert absolut nichts. Dann erscheint nach einer Weile der „General", wenigstens glänzen ein paar Goldbänder mehr auf seiner Schulter. Wieder wird palavert und nach langem Hin und Her dürften dann wenigstens vier Männer auf unser Schiff. Der „General" lässt sich von einem Moped wieder wegchauffieren. Der andere Chinese nimmt erneut dienstbeflissen seine Wurzelstellung vor der Gangway ein. Später erfahren wir, dass diese Leute bestellt waren von der barge, die auf der anderen Seite unseres Schiffes angelegt hatte und dort Fracht übernehmen soll. Die Leute wollten also nur über unser Schiff hinweg zu ihrem Arbeitsplatz. Aber - Amtsschimmel, ick hör dir trapsen - sie hatten wohl eine Arbeitserlaubnis, aber keinen Passierschein!

Heute Morgen befinden wir uns in der Bucht vor Tianjin mit dem Namen Bohai Wan. Tianjin und sein Hafen Xingang liegen an dem Fluss Hai He.

Es ist draußen lausig kalt, zwischen 6 und 9 Grad. Seit gestern nehmen wir Antibiotika. Ich wünsche mir ein kuschelweiches Bett, habe das Gefühl, dass meine Matratze aus Holz ist und mein Kopfkissen aus hartem Stroh. Aber immerhin jagen nicht mehr die Gänsehautschauer den Körper rauf und runter. Zum Glück weiß auch niemand, wie wir aussehen, wenn wir ins Bett gehen: Ich trage über dem Unterhemd ein T-Shirt und einen warmen Pullover. Dazu lange Skiunterhosen und Socken. Erhard sieht ähnlich verwegen aus. Er hat sogar noch seine rote Pudelmütze auf dem Kopf! Das ist lustig, nicht wahr? Wenn das sein Enkel sehen würde, er würde sich vor Lachen auf dem Boden kringeln!

Gegen Mittag fahren wir in den gigantischen Hafen von Tianjin, der auch die Hauptstadt Beijing versorgt. Er zieht sich bis weit ins Meer hinaus und es wird immer weiter gebaut. Emsige Menschen rammen sogar sonntags dicke Eisenpfähle in den Hafengrund. War es in Dalian wegen des Wüstenstaubs überwiegend gelb, so überwiegt hier die Farbe Schwarz. Auf unserem schönen Schiff liegt immer noch so viel gelber Sand, dass wir nach weiteren zwei Tagen Liegezeit in Dalian im Swimmingpool eine Sandkiste hätten einrichten können. Hier in Tianjin wird sehr viel Kohle umgeschlagen. Ich weiß nicht warum, aber bei der Verladung lässt man sie von gewaltigen Höhen aus in die Schiffe rieseln. Logisch, dass dadurch viel Staub aufgewirbelt und vom Wind überall hingetragen wird. Auf das von den vielen Schiffen aufgewühlte Wasser des Flusses Hai He, das, sagen wir mal, die Farbe Hellbraun zeigt, senkt sich nun der schwarze Kohlenstaub und alles ist, ehrlich gesagt, eine ziemliche Schweinerei. Der Hafen ist nicht gerade einladend. Man bekommt kaum noch Luft und mit der Aussicht ist es sowieso vorbei!

Der Lotse hat es geschafft, unsere schöne RICKMERS HOUSTON mit dem Schlammschlick des Hai He bekannt zu machen. Wir hatten Grundberührung. Ich stand oben an Deck und habe es deutlich gemerkt. Nun ja, hoffentlich ist nichts passiert und hoffentlich sind wenigstens die Immigration Officers netter als in Dalian und lassen uns von Bord gehen und chinesischen Boden betreten.

Ob die Immigration Officers hier in Tianjin netter waren, weiß ich nicht, denn wir haben sie nicht zu Gesicht bekommen. Der Hafen hier ist sehr aufgeräumt, aber alles, alles ist schwarz weil die Luft so rußig ist.

Es geht mir besser. Beim Frühstück erfahre ich, dass wir mit dem nächsten Konvoi den Hafen bereits wieder verlassen werden. Ich habe noch Zeit für einen kleinen Spaziergang am Kai und betrete zum ersten Mal in meinem Leben chinesischen Boden.

Im Hafen von Tianjin

Am nächsten Tag habe ich meinen „Moralischen“. Ich fühle mich richtig schlecht, würde am liebsten den Kopf unter die Decken stecken und heulen. Als ich mir vorhin zur Aufhellung der Stimmung eine Kassette mit „Partymusik“ angehört habe, hätte ich fast angefangen zu heulen. Ich glaube, mich hat das Heimweh gepackt. Das habe ich vorher - jedenfalls kann ich mich nicht erinnern - noch nie erlebt. Aber ich bin auch noch nie so lange von zu Hause fort gewesen. Heute möchte ich nur noch nach Hause, finde die Reise absolut blöd, doof, entsetzlich! Schon seit Tagesanbruch sieht es draußen so aus, als wenn die Sonne gleich untergehen würde. Es herrscht ständige Dämmerungsstimmung und der unaufhörliche neblig-diesige Ausblick aus dem Fenster macht mich noch kränker, als ich mich sowieso fühle. Ach, könnte ich nur zu Hause sein. Augen zu, Augen auf und: zu Hause sein! Wäre das schön, schön, schön, schön!

Zum Lesen habe ich keine richtige Lust, die Computerspiele öden mich an, zum Briefeschreiben kann ich mich nicht aufraffen, mir fallen nicht einmal die simpelsten Redewendungen ein. Erhard ist, trotz großer Bemühungen, heute nicht gerade der Superunterhalter, denn ihm geht es ebenfalls nicht richtig gut. Als ich ihm sage, dass ich diese Reise heute blöd finde, da gibt er zu, dass es ihm ähnlich gehe. Selbst liebevoll zubereitetes Essen holt uns nicht aus dem Stimmungsloch. „Ein schöner Vanillepudding, der könnte mich jetzt reizen“, fällt mir ein und Erhard sagt: „Weißt du, was ich mir wünsche? Jetzt drei schöne, frische Rundstücke, eines mit Leberwurst, eines mit Beefsteakhack, eines mit Fleischsalat. Wäre das nicht toll?“ Dabei isst er zu Hause nie Beefsteakhack!

Ja, so geht es einem auf solch einer langen Reise: Nicht jeder Tag ist Freude! Seit Hongkong ist der Himmel nicht mehr richtig klar gewesen. Gestern Nacht, als ich kurz wach war, traute ich meinen Augen kaum. Ich sah tatsächlich einen Stern! Einen! Aber es dauerte nicht lang, bis er wieder hinter den Wolken verschwand.

Ob es hier im Gelben Meer immer solch ein Wetter ist oder liegt das nur an dem Wüstensturm? Was machen eigentlich Seeleute, die länger als ein Jahr an Bord solch eines Schiffes sind, wenn ich schon nach zwei Monaten „die Schnauze voll“ habe? Arme Kerl!

Tianjin bis Shanghai

Seit gestern in den frühen Morgenstunden liegen wir in Shanghai, irgendwo am reißenden Huang Pu River, einem Nebenfluss des Yangtze Kiang, der hier in einem weiten Delta in das Ostchinesische Meer strömt. Die Hafenarbeiter sind wie Ameisen über uns hergefallen und laden ein und aus, fahren hin und her und lassen fünf riesengroße Kräne an der Seite unseres Schiffes zusätzlich zu unserem eigenen Ladegeschirr arbeiten. Als gelte es, irgendeinen Schnelligkeitsrekord zu brechen!

RICKMERS HOUSTON in Shanghai

Wir haben fest damit gerechnet, gestern endlich von Bord gehen zu können. Aber es gestaltet sich alles genauso trübe wie das Wetter. Nach wie vor hängen dicke Dunstwolken über uns und am Nachmittag hat es sogar geregnet, was aber den Dunst leider nicht auflöste. Eine absolut deprimierende Stimmung und allmählich werden wir richtig unzufrieden.

Frachtübernahme aus einem Lastkahn

Der Kapitän hat uns mitgeteilt, dass die neue Erstellung der Visa etwas kosten würde, aber wohl nur etwa 10 US-Dollar, so war jedenfalls seine Schätzung. Am Vormittag erfuhren wir im Captain's Office vom Agenten: „55 US-Dollar pro Person." Da haben wir aber ein wenig geschluckt, denn wir haben schon in Deutschland 35 Euro pro Person bezahlt. Wir brauchen nur eine Verlängerung, kein neues Visum. „Verlängerung gibt es nicht. Nur neu," sagte der Agent mit einem bedauernden Mandelaugenaufschlag. Und er könne das sogar bis heute zum späten Nachmittag arrangieren, normalerweise dauere das drei Tage! Was soll man machen? Gekniffen ist man, ganz gewaltig sogar, und es schießt mir wieder dieses riesengroße Wort „Gangster!" durch den Kopf!

Den ganzen Tag warten wir und schauen hinunter zum Fluss, auf dem eine unglaubliche Emsigkeit herrscht. Starke Strömungen lassen die unzähligen und unterschiedlichsten Boote an uns vorbeischießen. Ständig habe ich Angst, dass sie die nächste Kurve nicht bekommen könnten. Schleppverbände von fünf schutenähnlichen Fahrzeugen nebeneinander, dazwischen der Schiebeschlepper. Eine ganz schöne Breite weisen diese Fahrzeugkonglomerate auf! Aber das scheint niemandem etwas auszumachen! Hinaus in den Fluss, auf dem gerade ein kleineres Handelsschiff ankommt, gefolgt von einem größeren Containerfrachter, vielen kleinen Frachtern und Schuten, die mit Sand oder anderen Schüttgütern beladen sind. Es herrscht ein unbeschreiblicher Betrieb auf dem Fluss! Und der Verkehr geht nicht nur flussauf- und -abwärts, sondern auch kreuz und quer, hinüber und herüber. Dass da nichts passiert, wundert mich sehr. Die Schiffe fahren allerdings alle mit knapp über dem Wasser hängenden Ankern, die notfalls sofort einsatzbereit sind.

Reger Schiffsverkehr auf dem Huang Pu

Um 18 Uhr ist der Agent dann mit unseren Pässen zurück. Wir gehen an Land. Sofort kommt ein Polizist, der - wie praktisch - seinen Standpunkt genau gegenüber von unserem Schiff in seinem Auto eingerichtet hat. Dort wartet er beharrlich den ganzen Tag lang und wird nur aktiv, wenn jemand von Bord kommt. Dann steigt er aus, kontrolliert und steigt wieder ein. Ein ziemlich fauler Job!

Wir gehen bis zum Gate. Zwei Schiffslängen hinter unserer RICKMERS HOUSTON beginnt der Containerhafen. Die Gebirge der Container häufen sich hier und die Förderfahrzeuge fahren auf Schienen hin und her. Man muss mächtig aufpassen, dass man nicht überrollt wird. Es ist richtig gefährlich. Am Gate finden wir eine breite Straße mit einem Gehweg, wo ein irrer Lärm herrscht. Es rappelt, kracht und donnert überall, weil die Straße etliche Schlaglöcher aufweist und die darauf fahrenden Lkws mindestens doppelt so alt wie die Straße zu sein scheinen. Es wird viel gehupt. Wir entdecken zwei kleine Läden, in denen man die von Seeleuten so beliebten Kleinigkeiten kaufen kann: Getränke, Chips, Süßigkeiten, Waschpulver etc. Im Hafengelände verschönern Bäume das Gelände, hübsche Beete sind angelegt. Sogar hier bei uns am Kai stehen Blumenkübel, die die einzelnen Sektoren markieren.

Am nächsten Tag stehen wir früh auf und marschieren Richtung Gate, nachdem uns der chinesische Supercargo ein paar US-Dollarnoten in chinesische Renminbi Yuan gewechselt hat. Wir haben einen Zettel dabei, auf dem unsere hiesige Adresse in chinesischer und lateinischer Schrift steht.

An der Straße warten wir auf ein Taxi, das uns in die City von Shanghai bringen soll. Das Stadtgebiet ist 6.340 Quadratkilometer groß, Hamburg hat im Vergleich dazu nur 755. Eine Taxifahrerin hält. Wir zeigen ihr einen aus einem Reiseprospekt ausgeschnittenen Stadtplan und deuten auf den „Bund“, die große Promenade am Fluss, denn sie versteht kein Englisch. Sie holt ihren großen Stadtplan heraus und zeigt ebenfalls auf eine Stelle am Fluss. Es sieht so ähnlich aus wie unser kleiner Ausschnitt und wir nicken mit dem Kopf. Gut, dass wir vorgewarnt sind, wie lang die Fahrt dauern wird, denn wir brauchen eine Dreiviertelstunde. Bei uns zu Hause wäre man für diese Taxifahrt ein Vermögen los geworden, hier kostet sie fünf US-Dollar.

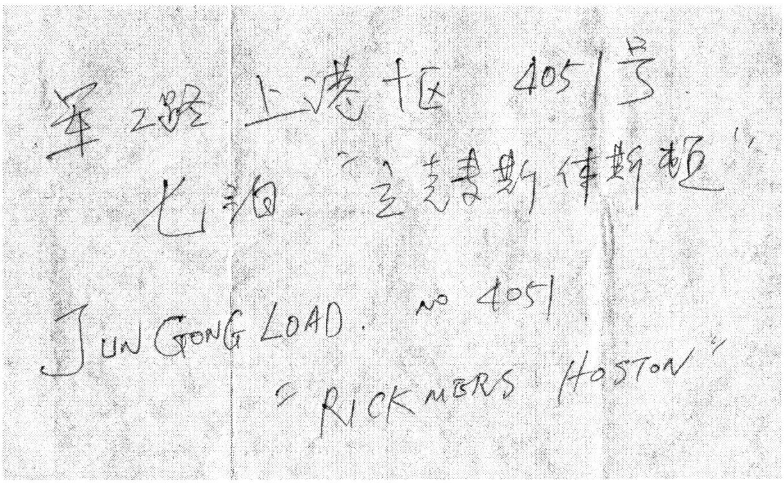

Bezeichnung unseres Liegeplatzes für den Taxifahrer

Während wir durch die Außenbezirke der Stadt fahren, denke ich was für ein Glück ich gehabt habe, dass ich nicht an diesem Ende der Erde das Licht der Welt erblickte! Hier draußen ist es sehr ärmlich. Fast alles ist Grau in Grau und sehr staubig. Die Wohnverhältnisse sind sehr beengt: Im Durchschnitt gibt es nur 6 qm pro Person und ein Drittel der Haushalte ist ohne eigene Toilette. Vier Fünftel der Einwohner haben gar kein eigenes Bad, ein Viertel keine eigene Küche und ein Fünftel muss ohne fließendes Wasser auskommen. Aber es wird überall sehr viel gebaut. Riesige Wohnviertel wachsen aus dem Nichts heraus. Auf den Balkonen der unzähligen alten, kleinen Gebäude und direkt zwischen den Straßenbäumen hängt die Wäsche. Der Balkonplatz wird scheinbar als zusätzlicher Raum genutzt, in dem alles abgestellt wird, manchmal sieht er aus wie der „Freiluft-Kleiderschrank“ der ganzen Familie. An einer verkehrsreichen Straße sitzt ein alter Mann mit zwei Schüsseln auf dem Treppenabsatz vor der Tür und putzt Gemüse. Direkt vor seinem Kopf hängt die Wäscheleine mit Omas Unterhosen. Einer der vielen Radfahrer kurvt gerade unter einer anderen Leine hindurch. Man muss es sich so vorstellen, als wenn bei uns mitten auf dem Ballindamm in Hamburg jemand seine Unterwäsche in den Bäumen, gerade oberhalb der vielen Fahrzeuge, die dort hindurchfahren, trocknen würde. Ja, so sieht es hier aus.

Es fällt auf, wie lieb die Chinesen zu Kindern sind. Nie sehe ich ein Kind allein. Immer sind Großeltern, Eltern, Lehrer oder Kindergärtnerinnen in der Nähe. Und die Kinder machen alle einen sehr zufriedenen Eindruck. Ich habe nicht ein einziges weinendes Kind gesehen!

Endlich sind wir am Bund angekommen. Unser erstes Ziel ist eine Bank zum Geldwechseln und dann ein Post Office, um unsere Post nach Deutschland abzuschicken. Die Promenade am Fluss ist sehr großzügig angelegt und auf der anderen Seite des reißenden Flusses erheben sich der TV-Tower und viele moderne Hochhäuser. Keines dieser Supergebäude ist älter als zehn Jahre! Mit einer Art Cable Car kann man unter dem Fluss hindurch zur anderen Seite gelangen. Man hat dieses Cable Car futuristisch gestaltet und an den Wänden des Tunnels, durch den die gläsernen Wagen fahren, werden durch Lichteffekte verschiedene Erlebniswelten geschaffen: z. B. Unterwasserwelt, Hölle, Himmel, Sternengeflimmer etc.

Auf der anderen Seite des Flusses angekommen, haben wir wahrhaftig unseren Spaß. Unzählige Schulklassen und Kindergärten haben einen Ausflug hierhin gemacht und es ist zu niedlich, den vielen Kindern zuzuschauen, die so nett und adrett herausgeputzt sind und überhaupt kein Einsehen mit ihren Erzieherinnen haben, wenn diese sie in Zweierreihen aufstellen wollen. Einige Gruppen holen eine große Plastikplane hervor, breiten sie mitten auf dem Gehweg aus, setzen sich darauf und frühstücken in aller Ruhe. Lehrerinnen schleppen einen großen Wärmetopf herbei und füllen den Kindern Reis mit Gemüse in kleine Schälchen und drücken ihnen Löffel in die Hand. Damit sitzen sie nun am Rande der Straße und rühren begeistert in ihren Schüsselchen herum.

Kinder in Shanghai

Das Fotografieren hat hier einen hohen Stellenwert. Aus allen möglichen Positionen wird fotografiert und die zu fotografierenden Personen lachen nicht etwa in das Objektiv hinein, nein, sie sind stockernst!

Die Parkanlagen sind liebevoll und bunt hergerichtet. Überall sehen wir Blumenbeete am Rande der mit Marmorplatten gepflasterten Wege. Wir fahren zurück auf die andere Seite des Huang Pu. Dort sprechen uns zwei junge Mädchen an und stellen sich als Künstlerinnen vor, die ihre Bilder ausstellen. Ob wir sie nicht anschauen wollen? Ja, wollen wir, und schon sind wir in einem Hochhaus, einem Financial Building, fahren hinauf in den siebten Stock und kommen in einen kleinen Ausstellungsraum. Tolle Bilder zeigen sie uns und wir kaufen ihnen gleich zwei davon ab.

Die Nanking Road ist eine der Haupteinkaufsstraßen Shanghais. Vieles sieht hier nobel aus, die Auslagen sind allerdings manchmal gewöhnungsbedürftig. Von den Oberhemden ist beispielsweise je ein Exemplar an der Wand befestigt, ebenso von den Blusen, Pullovern etc. Wir halten Ausschau nach einem Restaurant und biegen ab in eine der vielen Seitenstraßen, denn bei McDonald's oder Pizza Hut wollen wir nicht essen. Wir finden ein kleines Restaurant, das uns einladend erscheint. Hier sind nur einheimische Menschen, die uns interessiert betrachten. Mutig setzten wir uns an einen Tisch. Eine junge, freundliche Chinesin mit einem dicken Zopf kommt und bringt uns eine Speisekarte. Darauf können wir aber nicht einen einzigen Buchstaben lesen. Dann fragt Erhard: „Chicken?“ Das versteht sie. „Chicken, spicy?“ „Yes, a little bit. And rice, please.” „Rice? Fried Rice with Egg?“ „Yes, wonderful“ and „Tea, please.“ Schon haben wir alles bestellt und warten nun gespannt auf das, was passieren wird.

Zuerst wird der Tee mit vielen im Glas herumschwimmenden Blättern serviert. Dann kommt eine kleine Platte mit Hühnchenstücken, Zwiebeln und grünen Paprikastückchen in einer roten, scharfen Sauce. Oh, wie lecker! Man bringt uns einen Porzellanlöffel und Stäbchen. Und natürlich schauen alle Leute gebannt zu uns herüber, ob wir das wohl schaffen. Erhard geht geübt mit den Stäbchen um, aber ich mühe mich schrecklich ab und die Zuschauer haben offensichtlich ihren Spaß dabei. Ich bin sicher das Gesprächsthema des Tages. Jeder sieht zu uns herüber. Sobald ich aufschaue, blicken die Leute aber schnell verschämt weg, um einen Augenblick später erneut herüberzublinzeln. Unser Tisch steht am Fenster zur Straße. Das ist mir richtig unangenehm, denn sogar draußen bleibt hin und wieder jemand stehen und schaut sich amüsiert meinen Stäbchenhaltegriff an! Wir lassen uns nicht stören, lächeln den freundlichen Menschen zu und erfreuen uns an dem wunderbaren Essen. Hinterher gibt es sogar noch eine Suppe und alles kostet für uns beide zusammen nur fünf US-Dollar!

Später bummeln wir die Nanking Road hoch in Richtung des Großen Platzes. Aus der viel befahrenen Straße wird bald eine Fußgängerzone.

Neben den Prachtbauten sind immer wieder die kleineren alten Wohnhäuser zu bewundern, die, wie schon gesagt, immer mit den ganzen Wäscheteilen vor den Fenstern dekoriert sind. Ein großes Menschengewühl herrscht überall. Die Einwohnerzahl von Shanghai beträgt 16,7 Millionen, Hamburg hat im Vergleich dazu 1,7 Millionen. Zum Glück wird das Wetter besser. Es ist nicht mehr so kalt und manchmal wagt sich sogar die Sonne hervor. Kurz vor Sonnenuntergang kehren wir zurück zum Schiff.

Auch den nächsten Tag wollen wir optimal nutzen und um Viertel vor acht sitzen wir schon im Restaurant. Dort treffen wir den Kapitän und fragen, wie lange wir wegbleiben dürfen. Er bittet uns, uns bis 9 Uhr zu gedulden, dann wüsste er, wann wir wieder ablegen. Warten, warten, warten! Aber etwas Tolles hat er auch zu berichten: Die vor einigen Tagen angekündigte neue Fracht aus Long Beach = Los Angeles, Californien ist bestätigt. Also, auf geht's zur Westküste Amerikas! Toll, toll!

Kurz nach neun bin ich unten, treffe den Supercargo und frage ihn, was er Neues zu berichten weiß. Er sagt, wir sollen auf jeden Fall bis 10 Uhr noch Kaffee trinken, dann bekäme er genauere Zeiten. Ja, ja, hier muss man sich in Geduld üben! Um kurz vor zehn klingelt das Telefon und der Kapitän gibt uns bis 21 Uhr abends Ausgang. In Windeseile sind wir fertig und ab geht die Post!

Vorn an der Hauptstraße hinter dem Gate suchen wir uns eine Taxe. Aus der ersten müssen wir wieder aussteigen, denn entweder versteht uns der Chinese nicht oder er will nicht so weit fahren. Keine Ahnung. Die Verständigung ist wirklich schwierig. Aber glücklicherweise kommen wir auch heute am Bund, der Hauptattraktion Shanghais, an.

Der Supercargo hat uns den Tipp gegeben, uns im Peace Hotel einen Stadtplan zu besorgen und uns von dort weiterhelfen zu lassen. Der Tipp war gut. Dort an der Information können wir erstens Geld tauschen und zweitens schreibt man uns in Chinesisch auf Visitenkarten des Hotels: Please take me to ... Da ist einmal der Jade-Buddha-Tempel, den wir sehen wollen, und der Yuyuan Garden.

Zum Yuyuan Garden sind es ungefähr zehn Minuten mit der Taxe. Dieses Stück gehen wir lieber zu Fuß. Das ist viel interessanter, als zu fahren, obwohl sich manchmal die großen Entfernungen einfach nicht anders bewältigen lassen. Aber der Stadtplan ist natürlich Gold wert.

Auf dem Weg zum Yuyuan Garden finden wir in einer Straße ein Brautgeschäft neben dem anderen. Alles, aber auch alles, wird hier draußen an die Straße gehängt. Und so hängen auch einige (einstmals) wunderschöne Brautkleider draußen vor den Läden.

Wir dachten, der Yuyuan Garden wäre eine Parkanlage. Aber das stimmt nicht ganz. Es ist eine Ansammlung von 400 Jahre alten wunderschönen Pagodenhäusern inmitten von sehr kleinen Grünanlagen, umgeben von schmalen Wasserläufen und hübschen Brücken. Der „Garten" wurde in einer zwanzigjährigen Arbeit von einem Mann angelegt und sollte seine Eltern, wenn sie einmal alt sind, erfreuen. Wunderschön und faszinierend fremdländisch.

Ein riesiger Platz breitet sich vor uns aus. Ringsherum wimmelt es von Garküchen, Tischen und Stühlen. Die exotischsten Düfte dringen in unsere Nasen, aber wir trauen uns nicht, hier etwas zu essen. An den Straßenecken stehen oft Fahrräder, auf die ein Grill montiert ist. Darauf werden Tintenfische gebraten. Die langen

Tentakel sind kunstvoll auf Spieße gesteckt. Es duftet sehr lecker. Ob es auch so schmeckt?

Wir bummeln weiter zum imponierenden Jade-Buddha-Tempel. Hier prunken in vielen Pagodenhäusern bunte oder vergoldete Buddhastatuen. Auch der lebensgroße Buddha aus Jade, den einmal ein Mönch aus Burma „mitgebracht“ hat. Ein Buddha aus Alabaster kann man in einem anderen Haus bestaunen. Im Innenhof stehen mehrere große Gefäße, in denen Räucherstäbchen brennen. Die ganze Anlage ist von ihrem Geruch und Qualm überzogen.

Im Jade-Buddha-Tempel

Am Huang Pu River gönnen wir uns noch einen letzten Blick hinüber zum Stadtbezirk Pudong mit den ultramodernen Hochhäusern und dem imposanten Fernsehturm im roten Schimmer der untergehenden Sonne und fahren dann zu unserer RICKMERS HOUSTON zurück.

Blick vom Bund über den Huang Pu zum Fernsehturm

Vor dem Gate kaufen wir noch für die restlichen chinesischen Renminbis ein paar Kostbarkeiten. In der Lobby sitzt ein Chinese, der die Seeleute auf seinem Handy telefonieren lässt. Ist das nicht nett? Diese praktische und preiswerte Möglichkeit haben auch wir genutzt.

Am Abend verlassen wir Shanghai. In Windeseile hat man das Schiff vom Kai losgemacht, mit der Nase in den Strom hinausgezogen und das riesige Schiff, unterstützt von der Strömung, gedreht und in Fahrtrichtung geschleppt. Die breiten Schutenverbände und Schlepper, die acht kleine blau angemalte Schiffchen hinter sich herziehen, wuseln auf dem Wasser umher. Auf manchen Booten stehen die Motoren direkt an Bord hinter dem Führerhäuschen und es pfeift, kracht und dröhnt dort gewaltig.

Huang Pu hinter dem Decksgeschirr

Es ist Ostern. Zum Frühstück hat uns Marco, unser neuer Chefkoch, kleine wohlschmeckende, süße Brötchen gebacken. Wie nett. Zum Mittagessen erscheinen der Kapitän, der Chief Engineer, der Chief Mate und der 2. Engineer sogar in Uniform. Ein ungewohnter Anblick und ich muss sagen, sie sehen alle richtig schmuck aus. Unser Kapitän ist so sparsam mit seinem Wein umgegangen, dass er heute noch einmal zwei Flaschen hervorzaubert und an uns alle ausschenken lässt.

Shanghai bis Masan

Wir sind auf dem Wasser. Es ist, wie man sich schon denken kann, wieder diesig und die Fahrt deshalb richtig langweilig. Ich bin müde vom Herumlaufen in Shanghai und faulenze ausgiebig. Abends passieren wir die erste koreanische Insel Cheju Do. Einige Lichter strahlen zu uns herüber. Nachts klart es auf. Viele Fischer versuchen mit grellen Scheinwerfern Fische zu fangen.

Am nächsten Tag ist die Luft endlich frisch und klar, wohltuend nach dem Dunst in letzter Zeit. Wir fahren dicht an den Inseln vorbei, die zahlreich an unserer Fahrtroute liegen. Im Wasser treiben große Mengen weißer Bojen von den Fischernetzen herum. Auf den bewachsenen Inseln blühen die ersten Kirschbäume. Militär ist hier allgegenwärtig, überall schwimmen Navy Boats und ein großes U-Boot fährt uns entgegen. Militärische Einrichtungen sind auf den Inseln errichtet.

Masan

Hinter einer Biegung taucht nun die Stadt Masan auf. Ein überschaubarer Ort. Erhard ist wild entschlossen, hier die Fahrräder

herauszuholen. Das wäre wirklich toll. Die Gegend sieht sehr ansprechend aus.

Drei Tage sollen wir voraussichtlich hier bleiben. Unseren grünen Passport brauchen wir nun nicht mehr. Alle Offiziellen haben wir glücklich gemacht, eine Menge Geld bezahlt und nun sind sie so wertlos wie die Zeitung von gestern. Apropos Zeitung: Wie abhängig meinte ich eigentlich in Deutschland von Nachrichten zu sein? Fast schon zur täglichen Gewohnheit war es geworden, abends um 20 Uhr die Tagesschau zu sehen. Ich glaubte, ich müsste unbedingt informiert sein. Warum eigentlich? Hier sind die Seeleute ein ganzes Jahr lang mehr oder minder ohne Tagesnachrichten. Und? Was ist? Ist es schlimm? Kommen sie und kommen wir uns uninformiert vor? Je weniger wir wissen, desto weniger interessiert uns der Ärger draußen in der Welt, und wenn wir im Hafen zufälligerweise eine Zeitung sehen, dann widern uns die reißerischen Titelschlagzeilen richtig an.

Wir erkunden die Umgebung mit den Fahrrädern. Hier in Korea werden wir als Crewmitglieder geführt und bekommen zusätzlich zu unserem Reisepass einen so genannten Offshore-Pass bzw. ein Landing Permit. Man glaubt nicht, was da draufsteht: Meine Nationalität ist jetzt „Netherlands“, ich bin „Male“, ich bin „Seaman“ und unser nächster Hafen ist „Kobe“. Meine Güte, was stimmt auf diesem Zettel eigentlich? Zu meinem Erstaunen werden alle Angaben zwei Mal am Gate kontrolliert und für richtig empfunden! Ob es auch hier wiehernde Amtsschimmel gibt?

Das Radeln macht richtig Spaß. Wir fahren immer am Wasser entlang und erreichen schließlich einen kleinen Ausflugspunkt mit mehreren Lokalen. In großen Bassins schwimmen Fische, die man sich zum Essen bestellen kann. Die Saison hat aber offensichtlich noch nicht begonnen und alles ist etwas unaufgeräumt. In den Gärten, am Wegrand und sogar in den Wäldern blühen die ersten Bäume. In den Gärten sprießen junge Salate. Mir unbekannte Bäume sind auf Gittern wie ein Spalierdach gezogen.

Am nächsten Tag wollen wir die kleine Hafenstadt Masan erkunden. Als wir eine Taxe gefunden haben und sagen, dass wir zur City wollen und nur mit US-Dollar bezahlen können, nickt der Fahrer. „Okay". Eine einladende Handbewegung und ein freundliches Lächeln bewegen uns einzusteigen. Dann fragt er etwas, was wir allerdings nicht verstehen. Außer „okay" scheint er kein Wort Englisch zu sprechen. Aber er fährt erst einmal los und wir wissen ja ungefähr die Richtung. Wir kommen tatsächlich in der City an und schauen uns um. Es wimmelt von für uns unlesbaren Schriftzeichen und wir hören kein Englisch. So trödeln wir einfach die Straßen hinunter und schauen in die zahlreichen Läden am Rande der Straße. Dann entdecken wir einige Sonnenschirme. Das sieht nach Markt aus und zieht uns sofort magisch an. Dieser Markt stellt alles in den Schatten, was ich bisher gesehen habe. Riesengroß. Zwischen lauter Häusern angesiedelt und auch innerhalb einiger Markthallen. Es werden vor allem Fische verkauft. Fische in allen Farben und Größen. Plattfische, lange Fische, Rochen, Shrimps, Krebse, Aale, klitzekleine Fische, große, von denen nur drei Stück in einer Art Babybadewanne Platz haben, Tintenfische und solche, die wie Seegurken oder Seeigel aussehen. So viele verschiedene Sorten Muscheln habe ich noch nie auf einmal gesehen. Getrocknete Fische in Haufen aufgetürmt und silbrig glänzend, von einer Größe von 1 cm bis hin zu großen getrockneten Stockfischen. Auch Calamari gibt es mit schön herunterhängenden und sortierten Tentakeln und einem bunten Bändchen drumherum. Es ist eine Augenweide und so sauber, man kann keinen Fisch riechen, nicht einmal Fliegen umschwirren ihn.

Die Frauen - es sind fast ausschließlich Frauen, die hier verkaufen - sind ständig mit ihrer Ware beschäftigt, zupfen hier und dort herum, um sie noch etwas dekorativer auszubreiten oder irgendwo noch ein kleines Stückchen vom Fisch abzuschneiden, ein Bändchen herumzubinden oder die Flossen noch formvollendeter hinzulegen. Ein Marktstand ist appetitlicher als der andere. Wie im Bilderbuch.

Fischmarkt in Masan

Die exotischsten Früchte türmen sich dekorativ und farbenfroh auf. Viele sind in blinkende Klarsichtfolie verpackt. Eine ganze Reihe der Früchte und Gemüsesorten ist schon fertig vorbereitet für den Kochtopf. Geputzt und geschnitten. Auch dicke, geschälte Knoblauchzehen fehlen nicht im Angebot.

Wir kommen zu einer Stelle des Marktes, an der die Schweineschlachter unter sich sind. Hier gibt es vor allem Schweineköpfe und -beine zu kaufen. Die Köpfe sind in großen Wasserbehältern aufbewahrt und sehen so aus, als seien sie abgebrüht worden. Genauso verhält es sich mit den Beinstücken und den Füßen mit den Zehen. Alles picobello sauber! Auch Schweineohren, sogar schon gebraten, liegen zum Verkauf bereit. Ebenso halbe Köpfe. In einigen Packungen ist das gegarte Fleisch in feine Scheiben geschnitten und mit Gewürzen und Kräutern garniert.

Schweineteilemarkt

Wir bekommen Hunger und da alles so einladend ausschaut, will ich hier, wo kein einziger Ausländer zu sehen ist, gern essen. Es wird abenteuerlich. Die Wirtin eines Lokals lächelt uns freundlich an, als wir hereinkommen. Wir setzen uns und deuten an, was wir möchten. Sie steht ratlos neben uns, sagt etwas, wir nicken mit den Köpfen. Was sie wohl gesagt hat? Sie sieht eher verzweifelt aus. Wir wahrscheinlich auch. Sie bringt uns zwei zusammengerollte Waschlappen und kühles Wasser. Das ist ein guter Anfang. Bei der folgenden „Unterhaltung" zucken wir die Schultern oder nicken, je nachdem, was uns angebrachter erscheint. Aber ihr Gesichtsausdruck wird nicht fröhlicher. Da wir nicht aufstehen und weggehen, zieht sie mich am Ärmel mit in die Küche und zeigt mir Schälchen mit kleinen Fischteilen. Ich strahle. Sie deutet auf eine vorbereitete Brühe und deutet mir an, da hinein den Fisch und noch ein paar andere Gemüsesorten zu füllen. Meine Augen glänzen und ich sage immer wieder: „Yes, wonderful!“ Nun ist sie wohl zufrieden.

Eine große Anzahl von Schälchen mit nie gesehenen Beilagen wird gebracht. Vom „Appetitsildbrei“ bis zu Kürbis, Seetang, Gurken und Kohl in verschiedenen Variationen. Dann wird die Hauptspeise serviert und die Wirtin sieht uns groß an. Sie ist wohl nicht sicher, ob sie uns das Richtige zubereitet hat. Aber wir sind zufrieden. Sie öffnet einen Plastikbehälter und legt uns Löffel und Stäbchen hin. Die runden Metallstäbchen tauscht sie gegen eckige Holzstäbchen, als sie meine Ungeschicktheit bemerkt. Wie aufmerksam! Dann taucht sie plötzlich ihre Stäbchen in meine Suppenschüssel, zeigt mir einen Art Chilliekloß und deutet an, dass man den in der Suppe verteilen soll, was sie dann auch sofort macht. Sie rührt mit ihren Stäbchen eifrig in meinem Essen herum. Etwas ungewohnt! Dann holt sie eine Flasche mit Zitronensaft und spritzt davon etwas in meine Suppe, rührt wieder herum und zeigt mir, wie ich die Stäbchen halten soll. Ich gebe mir wirklich große Mühe, aber es sieht wohl immer noch nicht sehr gekonnt aus. Wenigstens lächelt die Dame und ihr Essen schmeckt wirklich gut, ganz ungewohnt und fremdartig.

Wir schlendern weiter zu einem Kaufhaus. Dort finden wir einen Bäcker, der duftende Brote und Kuchen anbietet. Wir können nicht widerstehen und kaufen zwei Stückchen Kuchen. Schön süß, gefüllt mit wunderbar schmeckender Marmelade und richtig knusprig. Das ist der krönende Abschluss unseres königlichen koreanischen Essens!

Wir kommen zu den Fischerbooten, die zum Teil sehr mitgenommen aussehen. An einigen hängen ganze Lampenbatterien, die zum nächtlichen Fischfang gebraucht werden. Bevor wir uns auf den Weg zurück zum Schiff machen, will Erhard noch koreanisches Bier einkaufen und ich frische Erdbeeren. In einem kleinen Tante-Emma-Laden entdecken wir beides. Die Erdbeeren werden mir mitsamt der Plastikschüssel eingepackt.

Nachdem wir nun oft genug festgestellt haben, dass wir mit der englischen Sprache nicht viel weiterkommen, entschließen wir uns, ein Taxi am Straßenrand erst an der Stelle anzuhalten, wo wir dem Fahrer unser Schiff zeigen können, das an der anderen Seite der Stadt brav auf uns wartet. Gesagt, getan. Es funktioniert tatsächlich reibungslos.

An Bord habe ich die Erdbeeren an freudestrahlende Menschen verteilt und den Rest für uns mit Milch zubereitet. Ach, ist das eine herrliche Erfrischung! Nun trinken wir gemeinsam das leckere Bier. Ein rundherum gelungener Tag!

Zwischen China und Korea drängt sich uns ein großer Unterschied auf. In China war alles dunstig, smogverhangen oder vernebelt. Die Menschen waren mehr oder weniger schwarz oder dunkel gekleidet. Sie sind immer freundlich gewesen, aber alles erschien mir etwas zugeknöpft. Hier in Korea weht „ein frischerer Wind“ im wahrsten Sinne des Wortes und ich habe das Gefühl, wieder richtig durchatmen zu können. Auf den Straßen geht alles besonnen und leise zu. Ständig meine ich, wir hätten Sonntag. Nichts, aber auch nichts ist hier hektisch. Alles spielt sich in besonnener Ruhe ab.

Heute spazieren wir ein wenig auf dem Kai umher. Es ist erstaunlich, wie unterschiedlich in den verschiedenen Häfen gearbeitet wird. Nirgendwo kreischen hier Kräne, die Gabelstapler verbreiten keine piepsenden Geräusche, sobald sie sich rückwärts bewegen, und alle Fahrzeuge rollen geruhsam und umsichtig hin und her.

Beim Spaziergang entdecken wir so manch einen Hafenarbeiter, der im Schatten eines Riesenmetallteiles seinen Vormittagsschlaf hält. Manche haben es sich auf den Planen von Frachtstücken gemütlich gemacht. Ein Teil des Hafens ist extra abgeteilt und zusätzlich mit einem Zaun versehen. Dorthin werden eine Reihe von Scania-LKW-Zugmaschinen gebracht. Die Zündschlüssel stecken noch auf den Türen.

In einem entlegenen Teil des Hafens stehen fein säuberlich aufgereiht, kleine, gelbe Minibagger, die sich alle auf die Fahrt machen, um zu dem hinter der RICKMERS HOUSTON liegenden, unförmigen Car-Carrier zu kommen. Sie rattern an uns vorbei wie aufgezogene Spielzeugenten.

In unser Schiff werden einige Militärfahrzeuge verladen. Für einen Kranwagen wird unser großer, dicker, weißer Jumbo-Ladekran flott gemacht, denn das Teil ist offensichtlich schwer.

Ladung für Schiffe

Masan bis Yokohama

Unsere zweite Radtour in der Umgebung von Masan ist erlebnisreich, auch wenn ich erst überhaupt keine Lust dazu hatte und mir mein Hintern noch von der Tour von vor zwei Tagen wehtut. Aber allein will ich Erhard natürlich auch nicht fahren lassen. Also muss ich meinen inneren Schweinehund überwinden und in die Pedale treten. Es hat sich schon jetzt gelohnt, die Fahrräder dabei zu haben, auch wenn sie ziemlich alt sind und das Wort „Fahrkomfort" ganz bestimmt auf diese beiden Drahtesel nicht zutrifft.

Auf unserem Weg am Wasser entlang kommen wir an einer unendlich großen Fabrik vorbei, in der riesige Tanks und Turbinen für Kraftwerke produziert werden. Wir sind überrascht, als uns vor dem Werkstor ein Koreaner auf Englisch anspricht. Er erzählt uns, dass er Ingenieur in dem Werk sei und uns schon vor zwei Tagen beobachtet habe. Es gefällt ihm, dass wir beide zusammen herumradeln. Er sagt: „Es ist ein schönes Bild, Mann und Frau zusammen zu sehen." Das scheint hier in Korea sehr wichtig zu sein und nicht so oft vorzukommen.

Bevor wir zu Bett gehen, klettern wir noch einmal zum Monkey Deck hinauf und genießen den schönen, bunten Anblick von Masan und nehmen ein wenig wehmütig von dieser freundlichen und ruhigen Stadt Abschied.

Die Eintragung im Logbuch für das Ablegemanöver lautet:

18.30 Finish lashing

21.48 Pilot on board

22.00 Engine ready

22.02 Tug fast aft

22.06 Last Line

22.15 Let go tug aft

23.30 Pilot off.

Inzwischen befinden wir uns im Hibiki-Nada-Meer, werden zwischen den Inseln Kyushu im Süden und Honshu im Norden durch die Straße Kanmon Kaikyo in das nächste Meer, das Suo Nada, fahren. Erste Inseln tauchen auf. Wir haben richtig klare Luft. Toll, toll.

In der japanischen Inselwelt

Allerdings letzte Nacht auch hohe See. Ich musste ein paar Mal aufstehen: Erst ging die Schublade wieder auf, dann knallten die Schranktüren von unserem Hängeschrank im Wohnzimmer bei jeder Welle gegen die Wand, die Badezimmertür klapperte, Erhards Schranktür flog auf und zu guter Letzt öffnete sich noch der Kühlschrank und mir kulltern zwei gut gekühlte Bierflaschen über die Füße. Ich weiß nicht, wie ich die Kühlschranktür dauerhaft verriegeln soll. Als sie zum dritten Mal aufsprang, da schimpfte ich so laut, bis Erhard sich herumdrehte und ich klagend zu ihm sagte: „Was soll ich denn bloß machen? Der Kühlschrank geht immer von allein auf. Ich bin schon fünf Mal aufgestanden. Jetzt bist du dran!“ Decke über den Kopf und nichts mehr hören und sehen! Das Schiff rollte wieder ganz gewaltig. Erhard hat's gerichtet. Er ist ein wirklich Lieber.

Aber in der Nacht wachte ich dann doch noch einmal auf. Ich hatte das Fenster ganz geöffnet, um die frische Luft hereinzulassen. Es ist laut, weil es an allen Ecken und Enden wegen des Wellengangs scheppert. Bei den Aufbauten unter dem Schornstein machen sich Säbel-Jacek - der heißt so, weil er in Jakarta einen alten Säbel erstanden hat -, der 2. Ingenieur und ein Fitter zu schaffen. Vielleicht bin ich auch durch deren lautstarke Unterhaltung aufgewacht. Jedenfalls gibt es plötzlich einen Knall und aus einem Raum kommen pfeifende Geräusche und Staub herausgeschossen. Es scheint, als wenn ein Hochdruckluftventil den Geist aufgegeben hat. Ich schließe mein Fenster und bin auch im Nu wieder eingeschlafen. Heute Morgen fragt mich Erhard, ob ich bemerkt habe, dass letzte Nacht die Maschine still stand.

Nun ist es inzwischen Mittag. Wir haben die Kanmon-Kaikyo-Straße, einen engen Kanal, mit Hilfe eines Lotsens, der Hut und weiße Ärmelschoner trägt, durchquert. Unser armer Kapitän ist stocksauer, weil er während der Mittagszeit auf der Brücke beim Lotsen bleiben muss und nicht die knusprige Ente essen kann.

Japanische Inseln im Pazifik

Das Wetter ist wunderbar. Die Sonne strahlt vom stahlblauen Himmel. Horizont, so weit das Auge reicht. Wir kommen uns vor wie in einer anderen Welt. Hübsche Inseln und am Abend gibt es einen traumhaft schönen Sonnenuntergang. Wann hatten wir das zuletzt?

Wir fahren an der Ostküste Japans entlang und bewundern immer wieder das Festland und die zahlreichen Inseln. Zwischen der japanischen Hauptinsel Honshu und Kozu Shima sind wir nun auf dem Weg in die Tokyo Wan, die Bucht von Tokyo.

In der Nacht stürmt es wieder und wir haben sehr hohe See. Es fängt schon abends an, die Taschenlampe kullert vom Tisch und wir müssen uns gewaltig festhalten. Das Schiff rollt plötzlich stoßartig, sodass ich mich schnell ins Bett lege. Es fliegt hier wieder alles durcheinander: In der Wäschekammer kippt der Karton mit den Souvenirs auf den Boden, der Ventilator kullert vor

Erhards Bett hin und her und in der Wohnstube ist nichts mehr auf dem Tisch zu finden, dafür aber alles, alles auf dem Fußboden.

Wir sind in der Nacht vor der Hafeneinfahrt von Yokohama vor Anker gegangen und nun auf dem Weg zum Liegeplatz. Als ich mich aus dem Fenster beuge, da ist schon die Hafeneinfahrt sichtbar und mit einem Schwupps bin ich an Deck. Ein Blick um die Ecke und schon werfe ich auch Erhard aus dem Bett: Wir durchfahren gerade eine wunderschöne, große Brücke und die Stadt ist nah vor uns. Vom Horizont grüßt der schneebedeckte Fujijama herüber.

Yokohama, im Vordergrund unsere Antennen für die Telekommunikation

Ganz vorsichtig wird unser 183m langes Schiff an die Pier bugsiert. Es ist schon interessant, wie sich sogar die Festmacherprozeduren in den verschiedenen Ländern unterscheiden. Hier steht eine wehende Fahne auf dem Kai, dicht daneben ein kleines, dürres Männchen mit weißen Handschuhen und Gamaschen. Am Kai warten einige Männer und zwei Autos, auf deren Dach „Line Handling“ zu lesen ist. Als die erste dünne Wurfleine mit dem dicken Knüddel am Ende an Land fliegt, nehmen die Männer sie auf und ziehen die daran festgebundenen dicken Tampen an Land. Diese fahren sie dann mit ihrem Auto zum Poller. Das habe ich bisher noch in keinem Hafen gesehen. Das Männchen neben der Fahne gibt dem Lotsen oben auf der Brücke Zeichen. Jedenfalls fängt er plötzlich an herumzuhüpfen wie Rumpelstilzchen.

Nach dem Frühstück kommt der Kapitän und bringt uns Formulare zum Ausfüllen, die hinterher in unseren Pass geklammert werden. Kurz darauf können wir uns auf den Weg machen.

Am Kai in Yokohama

Der Ausflug in die Stadt ist sehr erlebnisreich, auch wenn meine Beine und Füße sich anfühlen wie Brei und reichlich schmerzen. Sechs Stunden sind wir ohne Pause unterwegs. Wir wandern einfach immer am Kai entlang und dann weiter, immer so dicht wie möglich am Wasser. Hier ist alles sauber und aufgeräumt. Am Wegrand sind niedrige Hecken von Gartenazaleen, die gerade ihre Blüten öffnen. Auf der großen Brücke, die direkt hinter unserem Kaischuppen verläuft, herrscht reger Betrieb. Unter der Brücke wohnt ein Japaner, der uns freundlich grüßt. Er hat sich ein Stück Asphalt eingezäunt und es mit allerlei „Schätzen" und Flohmarktartikeln ausstaffiert. In Plastikbehältern hat er den Sand der Straße zusammengetragen und dort Blumen hineingepflanzt, die er gerade begießt.

Nur japanische Schriftzeichen sind zu entdecken. Einzig auf einigen Straßenhinweisschildern können wir manchmal das eine oder andere Wort lesen. Dort finden wir auch den Hinweis zu einem Park, den wir uns gern anschauen wollen. Das Schild führt uns zu einem großen Parkhaus. Aber wo ist der Park? Doch, halt, auf dem Dach des Parkhauses wachsen Bäume. Ich steige die Stufen hinauf und tatsächlich: Dort oben ist ein wunderschön angelegter Park. Hier werden wir mit einer bisher noch nicht gekannten Definition des Wortes „Parkhaus" vertraut gemacht. Die Stiefmütterchen blühen in allen Farben und die Luft duftet. An großen Rundbögen klettern blühende Pflanzen empor und Wasserspiele, Pergolen und Arkaden verleihen dem Park ein wunderschönes Aussehen. Immer neue Leute kommen und erfreuen sich an dem warmen, sonnigen Frühlingstag. Es ist Samstag und die Menschen strahlen eine besonders lockere Stimmung aus.

Dicht neben der großzügig angelegten Promenade befindet sich der Marine Observation Tower. Dort versuchen wir Geld zu wechseln, aber leider versteht uns niemand. Etwas weiter finden wir das New Grand Hotel und versuchen in diesem eleganten Hotel unser Glück. Die Leute drinnen sind festlich gekleidet, Japanerinnen kommen uns im Kimono entgegen. An der Rezeption können wir endlich Geld wechseln. Allerdings nur US-Dollar, keine Euro. Die sind hier vier Monate nach ihrer Einführung wohl noch nicht genügend bekannt. Vor der Hoteltür lächeln Braut und

Bräutigam in die Kameras der vielen Fotografen. Im Hafen liegt ein altes Dampfschiff.

In der Stadt steht ein Haus, dass wie ein Halbmond gebaut ist, und davor, auf einer künstlichen Insel, ragt ein großes Riesenrad, das abends von vielfarbigen Lichtern und mit interessanten Mustern beleuchtet wird, in den Himmel. Eine lange Achterbahn schlängelt sich auf gebogenen Schienen entlang. In der Nähe befindet sich eine moderne Einkaufsmeile.

Überall wird hier gebaut und renoviert. Bis zum Endspiel der diesjährigen Fußballweltmeisterschaft hier an diesem Ort ist wohl noch vieles zu vollenden, wie der neue große Anleger für internationale Kreuzfahrtschiffe.

Unser Ladegeschirr, im Hintergrund das Riesenrad

Auf dem Rückweg hätte ich fast gestreikt: Meine Füße und Beine tun mir weh. Aber Erhard zieht mich ohne Erbarmen immer weiter mit. Ich bin froh, als wir endlich in Hafennähe kommen und dort an einer Ecke die Stelle wieder finden, an der direkt an der Straße vor den Entlüftungsschächten der Klimaanlagen Fischteile getrocknet werden. Sie sind mit Wäscheklammern einfach in den Zaun gehängt. Wer soll denn so etwas noch essen? Oder wird das vielleicht Hundefutter?

Endlich erreichen wir unsere RICKMERS HOUSTON und ich lasse mich völlig erledigt auf den Stuhl im Speisesaal fallen. Uff! Bei unserer Ankunft haben wir den Chief Mate getroffen, der uns erzählt: „Um 20 Uhr geht es weiter. Draußen erwartet uns schlechtes Wetter, sehr schlechtes Wetter!“ Na, dann man los! Wir haben nach dem Essen erst einmal alles gesichert: Der Tisch ist leer geräumt und festgehakt, die Kartons stehen vorsichtshalber schon jetzt auf dem Fußboden, der Ventilator ist im Schrank verkeilt. Eigentlich können jetzt nur noch wir aus dem Bett kegeln! Wollen mal abwarten, was kommt. Hoffentlich wird es nicht so schlimm. Der Kapitän hat verlauten lassen, dass wir morgen früh vielleicht nicht gleich in Hitachi einlaufen, sondern erst einmal auf Reede vor Anker bleiben, weil am Sonntag nicht gearbeitet wird. Am Anker wird es dann noch mehr schaukeln, hat Marlene schon pessimistisch prophezeit.

Yokohama bis Hitachi

„It's rockin' and rolling time again“, meint Mary, als wir beim Abendessen wieder einmal von einer zur anderen Seite des Stuhles schwanken und dabei fast mit der Nase die Tischplatte berühren ...

Den ganzen Tag sind wir herumgeschaukelt, mal mehr und mal weniger. Die Maschine macht nur wenige Umdrehungen, von einem Hafen ist nichts zu sehen. Was ist bloß los? Da ich in Erinnerung habe, dass wir heute Vormittag in Hitachi eintreffen sollten, frage ich den Kapitän, warum noch kein Hafen in Sicht ist. Der Kapitän antwortet missmutig: „But do you see the swell?“ Das ist die Dünung. Und die Dünung ist unübersehbar hoch und wirft unser Schiffchen, wohin sie will. „Wahrscheinlich werden wir erst morgen Abend in Hitachi einlaufen.“ Warum? Das bleibt sein Geheimnis. Im Prinzip hören wir alle nur noch mit einem Ohr hin, wenn er Termine nennt. Am besten, man glaubt nur das, was man auch sieht. Einen Hafen jedenfalls sehe ich nicht.

Am Nachmittag gehe ich zur Brücke und nehme dort ungewohnte Striche auf der Seekarte wahr. Wir sind heute Morgen tatsächlich vor Hitachi gewesen, dann aber wieder nach Osten, Norden, Westen und wieder nach Süden geschippert. Der Kapitän hat versucht einen Kurs zu finden, bei dem wir nicht zu sehr in der hohen Dünung schaukeln. Teilweise ist ihm das auch geglückt. Sobald er aber den Kurs nur ein wenig änderte, mussten wir uns sofort wieder an feste Teile klammern. Er hat den Kurs wirklich sehr oft geändert! Erhard hat schmunzelnd gesagt: „Wir machen halt eine Pazifik-Rundfahrt!“ Vielleicht hat der Kapitän das Schiff aber auch nur in Fahrt gehalten, weil wir am Anker wirklich noch mehr geschaukelt hätten. Wer weiß!

Heute, am Sonntag, wird nicht gearbeitet und an Bord ist alles ruhig. Nur einige Filipinos sind heute Abend wahrscheinlich heiser, denn sie spielen den ganzen Nachmittag über Karaoke-Videos ab und singen dabei unüberhörbar laut mit. Die Lautsprecher kreischen und quietschen gewaltig. Aber, das macht nichts,

Hauptsache die Stimmung ist okay. Und das ist sie offensichtlich. Es sind wirklich nette Leute, unsere Seemänner.

Zum Abendessen steht „Cordon Bleu“ auf dem Speisezettel. Aber es ist Roulade. Ja ja, vor Überraschungen ist man hier nie sicher! Plötzlich stelle ich erstaunt fest: Die Maschine läuft nicht mehr. Ich sehe aus dem Fenster. Tatsächlich, keine Heckwelle. Ein paar Augenblicke später entdecke ich ganz in der Nähe einen Hafen. Was ist denn jetzt los? James erklärt: „Wir gehen jetzt hier vor Anker und morgen früh um neun Uhr soll der Lotse kommen.“

Und dann kommt Säbel-Jacek zum Essen. Mary fragt ihn: „Jacek, are we going to anchorage?“ „No, no! No anchor!“ So ist das hier: Jeder sagt etwas anderes! Nach dem Essen blicken wir zur Stadt hinüber. Entweder sind wir am Anker oder wir treiben ohne Anker so vor dem Hafen herum. Die Stadt liegt im Dunkeln. Nur die großen Wellen, die an den Hafenmauern entlang schäumen, sind unübersehbar.

Am nächsten Morgen herrscht Nebel. „It seems, that we have Chinese weather,“ schmunzelt der Kapitän mir zu. Irgendetwas knallt und bullert laut und lässt uns beide aufhorchen. Ich frage ihn, ob vielleicht Neptun an sein Schiff klopft. „No, it is the swell,“ antwortet er amüsiert.

Der Wasserverbrauch war in der letzten Zeit sehr hoch und in Yokohama hätte der Kapitän 10 US-Dollar pro Kubikmeter für Frischwasser bezahlen müssen. Das war ihm zu teuer und er hat deshalb nichts gebunkert. Der Chief Engineer inspiziert nun alle Kabinen und kontrolliert die Wasserhähne und Toiletten, um eventuelle Leckagen zu finden. Sogar an den Waschmaschinen steht ein Zettel: „Do not start!“

Morgens baut sich über dem offenen Meer eine Regenfront auf. Später haben wir Sturm. Wenn wir um die Ecke der Aufbauten schauen, bekommen wir keine Luft mehr, so stark bläst er. Mittags machen wir im Hafen von Hitachi fest.

Nachmittags sieht es aus, als wenn die Welt untergehen will. Der Sturm nimmt immer noch zu und es beginnt stark zu regnen. Die Ladegeschirre auf unserm Schiff können nicht in Betrieb genommen werden, bei solchem Wetter ist die Arbeit zu gefährlich.

Wir schnappen uns unsere Bücher und machen uns einen gemütlichen Nachmittag in der Kammer, sehnen uns nach Mokkacremetorte, können aber in der Küche nur ein paar trockene Cracker entdecken. Am Abend ist ein weiteres 300 Seiten starkes Buch durchgelesen.

Heute erobern wir Hitachi zu Fuß. Hier kontrolliert niemand, nirgendwo ist ein Gate. Wir marschieren einfach los, überqueren am Hafengelände die Route 245 und finden einige Läden, die wir natürlich sofort erforschen müssen. Es gibt Obst, irre teuer: Ein Kilo Äpfel kostet etwa 7 Euro. In einer Halle ist ein Fischmarkt. Man glaubt ja nicht, wie viele verschiedene Fische es hier zu kaufen gibt und wie viele davon schon zubereitet sind: Man braucht sie sicherlich nur noch im Topf zu garen oder kann sie - wie bei einigen Japanern üblich - sofort roh genießen.

An der Straße stehen Häuser mit wunderschön geschwungenen Pagodendächern. Die Häuser sind klitzeklein, „genauso wie die Japaner selber und auch deren Autos“, wie der Kapitän gut gelaunt bemerkt. Es stimmt, die Häuser sind wirklich winzig und der Garten davor ist meist auch nur wenige Quadratmeter groß, jedoch sehr gepflegt und immer mit kleinen Blumentöpfen dekoriert, in denen bunte Blumen oder kleine Bäumchen wachsen. Richtig liebevoll sind diese winzigen Gärten hergerichtet. Vor vielen Häusern bellen Hunde. Ob es Wachhunde sein sollen? Die meisten begrüßen uns allerdings schwanzwedelnd.

Schon vom Schiff aus bemerkten wir mit dem Fernglas einen kleinen Weg hinauf zu den Häusern, die nicht direkt an der Hauptstraße liegen. An einer Ecke wagen wir uns dorthin. Auf einem mit hohen, dunklen Bäumen zugewachsenen Gartenstück entdecken wir den ersten Schrein.

Diese kleinen Wege oberhalb der Hauptstraße sind bestimmt noch nicht viele Ausländer gegangen. Aber die Menschen begegnen uns sehr freundlich und ich habe keine Angst. In Ägypten wäre ich niemals in solche abgelegenen Straßen hineingegangen! Niemals!

Haus in Hitachi

Nach dem Mittagessen und einer kleinen Pause an Bord bitten wir James, uns die Fahrräder zu geben. Nun können wir unseren Radius erweitern und erkunden vier Stunden lang die Umgebung. In den Gemüsegärten zeigen die Erbsen schon ca. ein Meter hohe Triebe und blühen dunkellila. Einige Kohlköpfe haben tatsächlich den Winter überstanden und Zwiebeln sprießen überall aus der

Erde. Es juckt uns beiden in den Fingern, ebenfalls zu Harke und Spaten zu greifen.

In einer Seitenstraße finden wir einen Friedhof mit schönen Buddhastatuen. Alles ist wunderbar friedlich, harmonisch, still und schön! Am Strand brodelt der Pazifik. Die Wellen sind immer noch hoch und viele Teile des Ufers mit großen Betonklötzen gesichert, wie man es auch bei uns an der Küste hin und wieder sieht. Gegen sie rollt nun mit Furcht erregendem Getöse unaufhörlich das Meer. In der Nähe eines überschaubaren Fischerhafens ist um einen alten Felsen herum ein Park angelegt. Auf dem Felsen liegen Grabplatten. Überall an den schönsten Aussichtspunkten und sogar neben dem Leuchtturm sind Gräber mit Statuen und großen Steinen errichtet.

Friedhof in Hitachi

Zum Abendessen sind wir wieder zurück. Heute gibt es zum ersten Mal auf unserer Reise Lamm. Mary hat dem Kapitän dermaßen in den Ohren gelegen, dass er nicht umhin kam, in Masan generervt Lammfleisch einzukaufen. Aber statt der Lammkeule - auch auf dem Karton stand Lamb Leg - besteht das tief gefrorene Fleisch nur aus Gulasch mit reichlich viel Fett. Schade, schade. Aber Marco hat es wunderbar zubereitet und eine schöne, würzige Sauce dazu serviert. Marlene sieht sich das Fleisch in der Küche an und isst dann nur Salat und Oliven. James fragt Mary, ob sie Lamm essen möchte. Sie ruft begeistert: „Of course, James!" Aber als James mit dem Teller mit Reis, Sauce und dem Gulasch ankommt, fragt sie mit hochgezogener Nase: „Is thiiiiis your laaaamb?" Ach Gott, der arme James tut mir richtig Leid. Ich rede Mary gut zu, doch erst einmal zu probieren, es würde wirklich gut schmecken. „Oh, but I decided lamb chop or lamb leg!" Marlene und Mary müssen ziemlich oft über alle möglichen Dinge herziehen. Das nervt Erhard, und weil er sich heute das stundenlange Gerede über lamb und lamb und lamb nicht anhören will, kommt er überhaupt nicht mit zum Essen. Er sagt, er hätte keinen Hunger.

Vormittags machen wir einen Spaziergang. Vor einer Brücke über den schmalen Fluss, der in unser Hafenbecken fließt, führt ein Weg zu den Häusern am Ufer. In der Mitte des Flusses, auf einer trocken gefallenen Insel, sitzt ein Mann in der Hocke und gräbt mit einer Schaufel nach Muscheln.

Den Nachmittag nutzen wir zu einer Radtour. Wir fahren einfach in das Landesinnere hinein. Die Stadt Hitachi breitet sich weit aus. Wir erreichen einen Platz am Bahnhof und entdecken dort einen Stadtplan. Erhard macht sich eine Skizze, denn lesen können wir nichts darauf. Auf dem Rückweg halten wir an einem Supermarkt. Ich finde es zu schön, dort herumzustöbern und mir all die fremden Sachen anzusehen. Insgeheim wünsche ich mir meine Freundin her. Ich glaube, wir hätten uns stundenlang die Regale angeschaut, in denen unzählige verschiedene Fischsorten und kleine Portionen Fleisch und Hühnchen liegen. Jetzt weiß ich, warum die Japaner so klein sind: Bei den winzigen Mengen kann man nicht größer werden! Die Lebensmittel sind sehr, sehr teuer. Frittierte, kleine Langustenschwänze kosten pro Stück 1,20 Euro. Ein kleiner Beutel Nüsse 6,00 Euro.

Auf dem Rückweg zum Schiff verabschieden wir uns gedanklich von unseren Fahrrädern, denn neue Fracht nach Honolulu ist nicht avisiert, obwohl ich es mir sehr gewünscht habe, und in Long Beach/USA fährt man sicherlich besser mit dem Auto als dem Fahrrad.

Im Hafen herrscht peinliche Sauberkeit. Die Arbeiter sind mit türkisfarbenen Overalls bekleidet. Dazu Arbeitsschuhe, einen weißen Helm und weiße Gamaschen! Man stelle sich es vor: Gamaschen, und dann vor allem in Weiß! Na, heute Morgen liefen die ganzen türkisfarbenen Männchen nun in Gelb herum, denn sie hatten ihre Regenkleidung an. Es goss in Strömen.

Abschied von Japan

Bis zu unserem nächsten Hafen, Long Beach in Kalifornien, werden wir viele Tage unterwegs sein. Danach brauchen wir noch ca. eine Woche bis Houston. Das Ende unserer Reise rückt allmählich in Sichtnähe. Erhard hat vor einigen Tagen schon den Reise-Katalog unseres Agenten in Händen gehabt und schiebt ihn mir mit dem Hinweis herüber, dass er die für ihn interessantesten Reisen nach Prioritäten sortiert habe. Ehrlich, nun möchte ich erst einmal wieder zu Hause sein, und habe keine Lust, jetzt schon an die nächste Reise zu denken!

Wenn ich auf das weite Wasser des Pazifiks sehe und auf die Wolken, die an der Kimm aufs Wasser treffen, dann freue ich mich wirklich schon auf die Abreise. Es ist wunderschön auf dem Wasser zu sein. Man hat eine Ruhe in sich, die man an Land nicht hat. Und man kann allein mit sich sein, mit sich und seinen Gedanken. Niemand stört einen, kein Telefon klingelt, kein Radio oder Fernsehen plärrt, kein Flugzeug zeichnet einen Kondensstreifen in den Himmel, kein Trecker pflügt ratternd auf der nahe gelegenen Koppel und kein Polizeiauto jagt mit lauter Sirene durch die Straßen. Ich hänge meinen Gedanken hinterher. Ungefähr vierzehn weitere Tage nur Wasser und dieses Mal wird es kalt werden, denn wir kommen bis in die Nähe der Aleuten. Das bedeutet, dass wir die meiste Zeit des Tages in unserer Kabine zubringen werden und nicht an Deck im gepolsterten Stuhl unsere Beine außenbords in die frische Brise des Fahrtwindes bummeln lassen können. Manchmal denke ich, dass es auch gereicht hätte, wenn wir von hier aus nach Hause geflogen wären. Mir hätte diese Zeit gereicht. Aber Erhard nicht!

Hitachi bis Long Beach

Durch den Pazifik werden wir den „Great Circle“ fahren. Das heißt, dass wir nicht waagerecht auf den Breitengraden entlangfahren, sondern in einem Halbkreis nördlich der Breitengrade einen Bogen machen. Dadurch spart man etwa einen Reisetag - wie schade für uns - aber dieser Kurs hängt mit der Form der Erde als Kugel zusammen.

Heute nimmt mich der Tag voll mit Faulenzen in Anspruch. Ich „schleppe“ mich vom Bett ins Bad, zurück zum Bett, zum Mittagessen (Roastbeef, hmmm, lecker!), zum Bett, zum Abendessen, zum Sofa. Mein Gott, ist das ein faules Leben!

Es wird kälter, nur noch 7 Grad. Erhard klebt mir wieder ein kleines Pflaster hinter das Ohr. Die sehr hohen Wellen haben lange, überbrechende Kämme. Im Treppenhaus unserer RICKMERS HOUSTON torkeln wir von einer zur anderen Seite. Und, ehrlich gesagt, es geht uns beiden auf den Zeiger! Am Abend haben wir uns in unserer Kabine einen angetüdelt.

Am nächsten Tag ist Großreinemachen an Bord. Die gesamten Decksaufbauten werden mit dem Hochdruckreiniger bearbeitet. Auch unsere Fenster bleiben nicht ausgespart und wir haben, trotz des gestrigen „Absackers“ einen richtig klaren Blick. Sogar die Mülltonnen müssen dran glauben: Ein Mann steckt tatsächlich ganz und gar in dem großen Müllbehälter und reicht dem anderen die Säcke heraus, die dann kilometerweit achteraus schwimmen: ein blauer Sack, ein schwarzer Sack, eine Gemüsekiste, ein Bierkarton ... Unser Schiff ist wieder richtig schick. Diese Art der Müllentsorgung ist in einigen Seegebieten erlaubt.

Das Wasser des Pazifiks ist schwarz und beschert uns ab dem Nachmittag plötzlich eine gemütlichere Fahrt. Die Maschine läuft ruhig und gleichmäßig. Das hat man wirklich nicht oft.

Mit der Beschaulichkeit der Seefahrt ist es seit heute Nacht aber schon wieder vorbei: Unser „Triebwerk“ stampft laut und es hört sich an, als wenn bei einer gewissen Umdrehung ein stoßartiges Rucken durch das Schiff geht, das alles zum Zittern bringt. Das Geruckse hämmert durch die weichen Federn des Kopfkissens ununterbrochen in meinen Kopf. Die geöffnete Tür zittert am Haken, selbst das dahinter festgeklemmte Handtuch hilft wenig. Alles, was bisher noch nicht geklappert hat, fängt spätestens jetzt damit an. Das Getöse ist so laut, dass ich schließlich entnervt aufstehe, die Tür vom Haken löse und mit einem Kracher ins Schloss fallen lasse. Anders ist sie leider nicht zu schließen.

Daraufhin wird es aber bald warm und stickig und ich öffne das Fenster. Leiser ist es dadurch natürlich nicht geworden, eher das Gegenteil ist der Fall. Obwohl wir nun schon so viele Tage unterwegs sind, habe ich mich an diesen Radau nicht gewöhnen können. Er stört mich und ich sehne mich nach Hause in meinen Garten, in dem die Vögel zwitschern.

Nun sind wir den dritten Tag auf dem Pazifik. Die Dünung ist weiterhin stark und unsere RICKMERS HOUSTON schlingert, schaukelt und rollt mächtig. Am Vorschiff hat Erhard über Bord gesehen und dort an der Skala am Bug abgelesen, dass das Schiff fünf Meter aus dem Wasser aufsteigt und wieder eintaucht.

Sturm im Pazifik

Das Gerolle des Schiffes, das unablässige und nicht weniger werden wollende Gestampfe der Maschine sowie das eintönige Äußere - nicht ein einziges Schiff haben wir in den letzten beiden Tagen gesehen - geht den Passagieren ganz schön auf den Geist. Marlene wird immer quengeliger. Ihr ist es zu kalt. Überdies ist sie vor einiger Zeit vom Stuhl gefallen, als das Schiff unverhofft schwankte, und hat sich ein paar Rippen geprellt. Das verursacht ihr natürlich Schmerzen. An irgendetwas muss sie nun ihren Groll auslassen und schimpft über das Essen: „Terrible food!“

Auch Mary langweilt sich. Ihre vierzehn Zweitausender-Puzzle, die sie mit an Bord brachte, hat sie alle ausprobiert und inzwischen an die Mannschaft verschenkt. Täglich fragt sie nun voller Erwartung und mit listigem Augenaufschlag: „Marcel, do you want to play with meeee this evening?“ Aber der ist offensichtlich nicht immer von diesem Vorschlag begeistert, denn Mary will nur Bridge spielen, dessen Regeln Marcel nicht beherrscht.

Aber ihm fällt die Decke genauso auf den Kopf wie uns und unser einst so amüsanter Erzähler sieht aus wie eine verwelkte Blume. Ich habe ihn selten ein Buch lesen sehen. Erst in den letzten Tagen hat er hin und wieder ein geöffnetes Paperback lieblos in seinen Hosenbund gestopft. Den dritten Offizier fragt er, ob man nicht Pingpong-Spiele arrangieren könnte. Der sieht Marcel aber nur erstaunt an und antwortet ausweichend, dass es keine Bälle gibt. Später findet aber doch ein Turnier statt.

In der Nacht beginnt es zu regnen. Der Wind hat gedreht und pustet von hinten. Er schiebt unser Schiff und wir machen gute Fahrt. Auf der Brücke strahlt mich der neue Zweite Offizier an: „Wahrscheinlich werden wir schon am 25. April in Long Beach sein.“ Soll ich mich wirklich darüber freuen? Ich weiß nicht so recht.

Es ist Ron’s Geburtstag. An der Tafel in der Lobby wird am Abend zum Empfang in den TV-Room gebeten. Die Besatzung sitzt voller Vorfreude auf den Stühlen, Sofas und auf dem beliebtesten Platz im Raum: hinter dem Schlagzeug. Einige stehen hinter dem kleinen Bartresen in der Teeküche. Der Kapitän sitzt allein, zeigt ein finsteres, ziemlich verquollen aussehendes Gesicht, aber wenn ich ihn anlächle, dann lächelt er dankbar zurück. Er eröffnet die Feier, es gibt Freibier für alle und die erste Whiskyflasche macht ihre Runde. Die Küchenmannschaft hat nette Häppchen zubereitet: Ein mit Alufolie umwickelter Kohlkopf ist gespickt mit Zahnstochern, auf denen Käse, Weintrauben und Gewürzgurken gestochen sind. Auf einer Platte sind Orangenteile dekorativ aufgetürmt und drumherum liegen ebenfalls bunte Zahnstocher, dieses Mal mit Käse, Rosinen und Senfgurke. Der Einfallsreichtum von Koch und Stewards scheint keine Grenzen zu kennen.

Die Karaoke-CDs warten in den entsprechenden Apparaten und es dauert nicht lange, bis Waddy, der Jüngste an Bord, mit dem

Mikrofon vorgeschoben wird und singen muss. Er hat eine hohe und zarte Stimme. Es ist nicht schlecht, was er uns darbietet und im Laufe des Abends werden die Vorführungen immer besser.

Einer der in Hongkong neu zugestiegenen Seeleute kommt sogar mit seiner Gitarre und singt und spielt heimische Lieder. Jubelnd und lautstark fallen die philippinischen Seeleute ein. Es herrscht eine ausgelassene Stimmung.

Als das Mikrofon zur Seite und die Musikanlage noch lauter gestellt wird, steht plötzlich der Kapitän vor mir und will mit mir tanzen. Ich freue mich und wir wackeln, so gut es der Seegang zulässt, herum. Je später der Abend, desto ausgelassener wird geschwoft und gesungen. James ist der wildeste Tänzer. Ihm fallen immer neue Verrenkungen ein.

Die erste Kiste Bier ist lange ausgetrunken, wahrscheinlich auch schon die zweite und dritte, und andere Getränke machen nun die Runde. Der Electrician erzählt uns mit Händen und Füßen von seinem Schwiegervater, der im Krieg ein General mit drei Streifen auf der Schulter war. Säbel-Jacek erkundigt sich: „Karaoke popular in Germany? Karaoke popular in Germany?“ Hahahaha. Es herrscht entspannte, alkoholselige Stimmung. Ron ist richtig glücklich, solch eine schöne Party zu haben.

Am nächsten Tag schaffen wir vor dem Mittagessen gerade noch einen Spaziergang zur Brücke, weil wir so spät aufgestanden sind. Die Sonne scheint, der Pazifik wird zunehmend blauer und die Stimmung draußen und drinnen ist fabelhaft. Der Wind kommt mit sieben Windstärken aus Nord und tut uns nach der gestrigen Feier gut. Auf der Brücke lesen wir unsere Position ab: 43:12N und 178:37E, nördlich von uns befinden sich die Aleuten mit den Andreanof Islands und weit, viel zu weit südlich entdecken wir auf der Karte Hawaii.

An der Mitteilungstafel steht heute: „One hour ships clock ahead tonight to conform ZO+12 and retard 1 day“: Nun erreichen wir also in der kommenden Nacht die Datumsgrenze. Die ganze Reise über wurde alle paar Tage die Uhr um eine Stunde vorgestellt. Um das zu kompensieren, dürfen wir den heutigen Tag noch einmal erleben.

Da es draußen nichts zu erleben gibt, ist man froh, sich beim Essen zu treffen, und hofft dort auf Unterhaltung. Mary bittet James heute zum Nachtisch um ein paar Cornflakes mit Milch. „But not so much, please!“ James kommt und bringt ihr ein Schüsselchen mit nur einem Löffel Cornflakes. Mary steckt ihre Nase fast in die Cornflakes hinein und schaut James groß an: „James, is thaaat all?“ „Yes, Ma'am,“ gibt er erstaunt zurück. „No, pleaaaaaase, let me have a little bit more.“ James fragt vorsichtshalber, ob die servierte Milch ausreichen würde. „Yes, thiiis is okay.“ Als James am Buffet weitere Cornflakes in die Schüssel schüttet, schielt er aufmerksam zu Mary hinüber. Die nimmt jetzt die Pose eines Verlademeisters ein, streckt ihre Hand waagerecht vor sich aus, bewegt die Finger mit den roten Nägeln auf und ab und sagt: „A little bit mooore“, stellt dann die Handfläche aufrecht und sagt: „So, thaaat's enough, James.“ Alle amüsieren sich für den Rest des Abends. Jede Neuigkeit wird inzwischen dankbar als Abwechslung begrüßt und als Erhard in einem GEO-Special ein Hamburg-Spiel entdeckt, spielen wir es bis morgens um eins.

Heute herrscht am Vormittag „chinesisches Wetter“, d. h. es ist neblig. Danach kommen schöner Sonnenschein und ein fast glattes Meer zum Vorschein. Am frühen Nachmittag wird ein Containerschiff gesichtet, das ebenfalls unseren Kurs eingeschlagen hat und uns langsam überholt.

Das Bilderbuchwetter hält an. Ausnahmsweise sind wir früh aufgestanden. Erhard hat Lust auf ein Frühstück mit Ei. Die Sonne scheint klar und hell. Am Horizont bauen sich ein paar helle Wolken direkt über der Wasseroberfläche auf. Es sieht aus, als wären es Inseln. Wir machen einen ausgedehnten Spaziergang über das Vorschiff. Die Sonne wärmt uns und an den geschützten Ecken ist es richtig frühlingshaft. Es ist fast windstill und das Wasser glatt wie ein geschmirgeltes Brett. Die wenigen Wolken am Himmel spiegeln sich klar im Wasser. Nur hin und wieder kräuselt ein leichter Windhauch die Wasseroberfläche. Weit, sehr weit kann man sehen, bis zu den Wolkeninseln.

Wir beugen uns über die Reling. Der dicke Wulstbug schiebt sich ruhig durch das kristallklare Wasser, in dem sich unser Schiff spiegelt. Sogar den Schriftzug RICKMERS HOUSTON können wir gestochen scharf lesen. Am Rande der Reling sehen wir zwei Punkte: Es sind unsere Köpfe. Ich bin verblüfft darüber, wie klein sie sind bzw. wie hoch wir auf dem Bug stehen.

Zum Mittagessen sind ausnahmsweise der Chief Officer und der Chief Engineer am Tisch. Der Kapitän fehlt schon seit einer ganzen Weile. Der Chief Engineer sieht blass und mitgenommen aus. Er zittert oft im ganzen Gesicht und ich vermute, dass das von seiner Arbeit unten im Maschinenraum kommt, wo es so gewaltig vibriert.

Jubel, tanz, Hände-in-die-Höhe-reck, Mundwinkel an die Ohren: Ein Fax von zu Hause! Gerade hat das Telefon geklingelt, der Kapitän schickt uns James mit dem Fax zur Kabine. Brille auf die Nase. Ist sofort vor lauter Aufregung beschlagen. Schiet aber auch! Was schreibt er denn? Am liebsten gleich alles auf einmal lesen. Nein, lieber Wort für Wort, ganz langsam, dann haben wir mehr davon. „Hallo Mama, hallo Erhard!“ Welt, lass dich umarmen!

Überall wird draußen Farbe verteilt. Unser Schiff glänzt von Tag zu Tag mehr. An der Treppe zum Promenadendeck könnte man heute gut einen Fußmassage-Salon einrichten, so stark vibriert es dort.

Ein Sturm hat sich nachmittags aufgebaut und in der Nacht garstig gewütet. Neptun und Hans (der blanke) scheinen sich einen wilden Kampf geliefert zu haben. Nun ist es wieder ruhiger, aber das Schiff krängt wegen der gewaltigen Dünung heftig. Beim Treppensteigen meint man manchmal waagerecht zu gehen und im nächsten Moment nach hinten zu fallen. Die Maschine rüttelt ungestüm und es klappert wieder überall, obwohl unsere alte Schleswiger Zeitung inzwischen hinter jedem Spiegel und in jedem Türspalt zu finden ist.

Wegen des ewigen Rollens wurde der Kurs ein wenig geändert und unser Great Circle führt nun nicht mehr im sanften Bogen nach Long Beach, sondern zeigt fast waagerecht auf die amerikanische Küste bei Mendocino. Allmählich wird es wärmer. Wir haben 17 Grad.

Gegen 23 Uhr: Fast-Vollmond und Milliarden funkelnder Sterne über dem Pazifik. Wer weiß, was ich noch gesehen habe? Lichter an Land! An Land! Das erste Mal seit dreizehn Tagen! Ach, das tut richtig gut! Ich habe nie daran gezweifelt, dass ich das Land wieder sehen werde, aber nun strahlt es doch eine ungeheure Beruhigung aus.

Morgen sollen wir vor dem Hafen von Long Beach vor Anker gehen und dort den ganzen Tag über herumschaukeln. Erst am kommenden Morgen geht es dann an die Pier. Dann werden wir in zwei Tagen endlich wieder festen Boden unter den Füßen haben. Irgendwie freue ich mich mächtig darauf.

Erhards Stimme dringt wie aus weiter Ferne zu mir, weil ich mir nachts Oropax in die Ohren gestopft habe, und als ich meine Augen öffne, ist es draußen bereits hell. Sofort muss ich an Deck und schauen, was es dort Neues zu sehen gibt. Eine große Insel taucht an der Steuerbordseite auf und backbords kriechen ebenfalls die Umrisse von Land aus dem Meer empor.

Auf der Nock ist es angenehm warm. Die Sonne scheint und immer mehr Einzelheiten sind zu erkennen. Schiffe und Flugzeuge sind um uns herum, es herrscht wieder Leben, es ist, als wenn wir aus einem langen Schlaf erwachen würden. Auf Santa Catalina Island herrscht noch Dunkelheit. Auf der Landseite können wir immer mehr Häuser und auch bald den Hafen vor Los Angeles erkennen. Eine wunderschöne Brücke überspannt einen Wasserlauf, links davor eine große Marina. Auf der anderen Seite steht ein großes, überdachtes, weiß leuchtendes Stadion. Direkt daneben entdecken wir drei alte Schiffsschornsteine, rot-schwarz angemalt, und viele Rettungsboote auf einem alten, schneeweißen Ozeanriesen. Das ist die „Queen Mary“, ein Passagierdampfer aus vergangenen Tagen, der heute als Museum dient. Das Land, das Leben dort drüben, erzeugt eine wohlige Wärme in mir.

Viele Seevögel umschwirren unser Schiff, verschiedene Arten von Möwen und Enten, Kormorane und die großen, stattlichen Pelikane. Plötzlich tummeln sich auch Delphine neben unserer Bordwand. Dort muss wohl ein schmackhafter Fischschwarm unterwegs sein!

Vor dem Hafen trainieren zwei riesige Rennyachten. Die USA 54 und 66 werden von mehreren Begleitbooten umschwirrt. Erst am späten Nachmittag kehren die beiden stolzen Schiffe zurück in den Hafen und segeln dicht an uns vorbei.

Rennyachten vor Los Angeles

Der Anker fällt zwischen Santa Catalina Island und dem Hafen von Los Angeles. An Bord wird eine Feuerwehrübung durchgeführt. Der Bosun sieht in seiner Uniform, dem Atemgerät, silber glänzenden Asbestschuhen und anderem Equipment wie ein Außerirdischer aus. An der Sicherheitsleine entlang muss er sich vom Achterdeck bis zum Restaurant vorarbeiten. Ich habe zur Übung außer der Rettungsweste auch den Überlebensanzug mitgenommen, den ich nun anziehe. Wahrscheinlich sind seine Maße eher für Zweimetermänner ausgelegt, denn ich versinke kläglich darin. Allein kann man solch ein Ding überhaupt nicht anziehen, denn die Hände sind durch Handschuhe geschützt und die sind dermaßen steif, dass man sie nicht bewegen, geschweige denn, seinen Reißverschluss damit schließen kann.

Zurück in unserer Kabine, will Erhard ein Foto von uns beiden im Überlebensanzug machen. Aber wer hätte ihm beim Anziehen helfen sollen? Und wer hätte auf den Auslöser des Fotoapparates drücken sollen? Aber es hat geklappt. Auf dieses Foto sind wir besonders gespannt.

Im Überlebensanzug

Long Beach bis Panama

Am Kartentisch stöbern wir in der Seekarte herum und finden unseren Liegeplatz. Bis zur „Queen Mary“ ist es nur ein Katzensprung. Viele Personen warten am Kai in ihren Autos auf die RICKMERS HOUSTON und es dauert nicht lange, bis wir eine vertraute Stimme am Telefon hören: „Here is the captain speaking.“ Der Immigration Officer möchte uns im Büro sehen. „Oh, you are the Germans.“ Warum um alles in der Welt sieht man uns das Deutschsein eigentlich immer sofort an?

Unsere Pässe sind schnell geprüft und wir wollen eigentlich nur noch wissen, wie lange wir Ausgang bekommen. Der Kapitän ist unsicher, zusammen mit dem Supercargo einigt man sich auf fünf, aber wir sollen vorsichtshalber um drei Uhr von unterwegs anrufen, um nach dem Stand der Beladung zu fragen. Der Supercargo, ein freundlicher Däne, fährt uns in die City und verhandelt mit einem Taxifahrer, der uns zu den Universal Studios nach Hollywood bringen soll. Bei 55 US-Dollars werden wir uns einig.

Eine gute halbe Stunde geht es über Highways und breitspurige Schnellstraßen, hinaus aus Long Beach, vorbei an den Skyscrapern, die wir vorher vom Schiff aus schon gesehen haben. Bald zeigt sich die Skyline von Los Angeles und an einem Berghang der auf Fotos schon so oft gesehenen Schriftzug HOLLYWOOD. Am Eingang der Studios entlässt uns der Taxifahrer und die Film-Wunderwelt nimmt uns sofort gefangen.

Der noch fast menschenleere Citywalk ist gesäumt von den hübschesten Häusern aus bekannten Filmen sowie von unzähligen Restaurants und Souvenirshops. Wir lassen alles interessiert auf uns einwirken und kaufen Eintrittskarten. Sie sind teuer, pro Person 45 US-Dollar, aber es lohnt sich. Bald lockt die erste Attraktion: Waterworld. Die Vorstellung soll gleich beginnen. Wir erleben ein aufregendes Spektakel, die Action-Szenen aus dem Film werden laut und hautnah vorgeführt. In den künstlichen See vor unseren Tribünen rasen die Darsteller mit knatternden Jetskis hinein. Sie überschlagen sich und jagen mit ihren Flitzern von einer Seite zur anderen. Bald tauchen ihre Gegner auf, die wild um sich schießen, noch größeren Lärm veranstalteten, das mit Gift gefüllte Fass durchlöchern, es zur Explosion bringen und viele andere Behälter in Flammen setzen. Ein fulminanter Auftakt! Überall wird gekämpft, aus großen Höhen stürzen sich die Darsteller fachgerecht ins Wasser. Dann landet sogar noch ein Flugzeug im See, geht ebenfalls laut krachend in Flammen auf und bleibt schließlich zerstört im See liegen. Amerika, Action, Abenteuer, Amüsement, Ableben. Hier ist alles zu sehen, was einem zu dem Namen Hollywood einfällt.

Waterworld

Die Vorführung beim Animal Planet ist dagegen friedlicher. Dressierte Filmtiere zeigen ihr Können. Ein Raubvogel fliegt vor einem Windkanal der Luftströmung entgegen. Von einer Kamera wird er dabei gefilmt. Das Bild wird auf eine Leinwand projiziert, Wolken als Hintergrund wollen uns glauben machen, dass wir neben dem Vogel fliegen würden. Possierliche Hunde, ein gelehriges Schwein, ein Unfug veranstaltender Schimpanse, Tauben,

Ratten, Fledermäuse und ein Papagei führen ihre Meisterstücke vor. Wir lachen viel, sind erschrocken, erstaunt, begeistert oder amüsiert, je nachdem, was uns gerade geboten wird.

Dann folgen wir den Schildern mit der Aufschrift „Studio Tours". Über eine Stunde lang durchqueren wir in offenen Bussen die bunte Filmwelt mit all ihren Imaginationen. In Filmen verewigte Häuser und sogar ganze Straßenzüge ziehen an uns vorüber. Wir erblicken spanische Dörfer, italienische Prachtvillen, ockerfarbene mexikanische Behausungen, altehrwürdige englische Herrenhäuser, das bekannte Haus aus dem Hitchcock-Film „Die Vögel"; alles, wirklich alles ist hier zu sehen. Gleichzeitig zeigen Monitore im Bus einen kurzen Filmausschnitt oder Bilder von den Dreharbeiten. An einer gepflasterten Straße, die von einem Berg hinunterführt, hält der Bus an. „Wollen Sie erleben, wie es hier ausschaut, wenn es regnet?", fragt die Fremdenführerin. Schon versprühen hohe Sprinkler Regenwasser auf die ganze Szenerie, es folgt ein krachendes Gewitter mit grellen Blitzen, der Regen schwillt an zum Wolkenbruch und bevor man sich versieht, kommt eine alles mit sich reißende Flutwelle die Straße hinuntergeschossen, direkt auf unseren Bus zu. Alle schreien entsetzt auf, aber Zentimeter vor dem Bus verschwindet der Wasserschwall unversehens im Boden.

In einem Studio wird uns ein Erdbeben vorgespielt. Wir befinden uns auf einem Bahnhof, rechts von uns ein Bahnsteig, links Gleise. Es ist finster geworden, die rollenden und grollenden Geräusche schwellen an. Immer lauter wird es und plötzlich bewegen sich die einzelnen Wagen unseres Busses. Viele Leute schreien und kreischen. Blitze zucken, weil dicht neben uns ein Elektro-Schaltkasten in Flammen aufgeht und die Kabel darin zischend verglühen. Ein mit explosiver Fracht beladener Tankwagen schießt auf uns zu, der Anhänger wickelt sich zum Glück noch gerade vor uns um eine Säule. Zu allem Unglück rast eine entgegenkommende Bahn auf uns zu, liegt gefährlich schräg und droht auf uns zu stürzen. Laut brausend gibt es einen Wassereinbruch. Die Kinder, die vor uns im Bus sitzen, haben Angst, klammern sich an ihren Papa und rutschen immer tiefer in ihre Sitze. Mehr Action kann man sich wohl kaum ausdenken! Es ist eindrucksvoll und innerhalb von 40 Sekunden hat sich der total zerstörte Bahnhof wieder in ein normales Studio verwandelt.

Draußen atmen wir erleichtert die klare Luft ein und fahren, uns langsam entspannend, über eine hübsche alte Holzbrücke. In der Mitte angekommen, bricht alles in sich zusammen, der Bus steht schräg vor dem herunterhängenden Geländer, zittert und rüttelt die kreischenden Insassen durcheinander.

Eine Meeresbucht, auf der verträumt ein Fischerboot vor Anker liegt, zeigt sich hinter der nächsten Kurve. Ein Stück entfernt schaut der Kopf eines Tauchers aus dem Wasser. Bald nähert sich dem Ahnungslosen die Rückenflosse eines Hais. Der Taucher wird schreiend zerrissen, das Wasser färbt sich brodelnd rot. Die Kinder vor mir sind kaum noch zu sehen und beißen sich vor Grauen fast die Finger ab. Als der Hai direkt neben ihnen im Wasser auftaucht, eine Benzinleitung durchbeißt, das Lager daraufhin laut explodiert und in Flammen aufgeht und der aus der Halterung gerissene Wasserschlauch wild fuchtelnd uns alle nass spritzt, da sind sie total erledigt. Aber es geht erbarmungslos weiter, von einer Attraktion zur nächsten und wir kommen aus dem Staunen nicht heraus.

Nach der Bus-Tour gehen wir im Film-Park umher. An einem zu besichtigenden Haus über den Film „Mummy Return“ wird am Eingang auf Tafeln vor den Gefahren des Betretens gewarnt, unter anderem auch davor, dass schwangere Frauen diese Show besser nicht besuchen sollen. Das kann ja heiter werden! Auf schmalen, spärlich beleuchteten, zugigen und feuchtkühlen Gängen werden wir durch die Pyramide geleitet. Ich bin nachtblind und halte mich an Erhard fest! Vor uns geht ein Pärchen. Die arme Frau wird am Ausgang heiser sein, weil sie unaufhörlich Entsetzensschreie ausstößt. Gerippe ragen aus den Wänden, hängen von der Decke herab oder liegen in schaurig angestrahlten Ecken. Dünne, sich ekelhaft anfühlende Haare hängen uns im Wege und streifen unsere erschrockenen Gesichter. Der Boden gibt plötzlich nach, wir versinken in weichem Schaumstoff. Eingewickelte Mumien pendeln im Gang, es bleibt uns nichts anderes übrig, als sie anzufassen und zur Seite zu schieben. Ich bin heilfroh, als wir endlich wieder Licht sehen. Zum Glück bin ich nicht schwanger.

Der Geräuschpegel in dieser bunten Filmwelt ist erheblich. In der Nickelodeon Blast Zone dürfen sich wenigstens die Kinder austoben und mit Wasser herumplanschen. Niemand schimpft, wenn sich unverhofft ein Riesenbottich Wasser über ihm ergießt.

Wir begegnen Filmdoubles: Frankenstein, Dracula, Dick und Doof und vielen der bei den Kindern so beliebten Comic-Figuren. Die Blues Brother geben eine Vorstellung ihres Könnens. Eine große weiße Limousine fährt heran, am Steuer sitzt Marilyn Monroe. Sie ist extra gekommen, um meinen Erhard zu begrüßen!

Date mit Marylin

Nach der Besichtigung des Hollywood Boulevard und des Sunset Strips unterhalb der Hügel von Beverly Hills steigen wir schließlich mit dröhnenden Köpfen in die Metro und fahren, begleitet von vielen temperamentvollen mexikanisch aussehenden Menschen, für nur drei US-Dollar zurück nach Long Beach.

Aus dem Studio Park haben wir verabredungsgemäß beim Supercargo angerufen. Wir brauchen erst um acht Uhr zurück zu sein. Um sieben treffen wir im Bahnhof von Long Beach ein, einer Station, die ganz in der Nähe der „Queen Mary", und damit unserem Liegeplatz, sein soll. Aber was heißt in Amerika schon „Nähe?" Überhaupt nichts! Unser Schiff können wir nicht sehen! Natürlich auch kein Taxi. Die sind hier genau so selten wie bei uns in Deutschland. Und unsere Beine schmerzen und die Füße kochen. Wir müssen uns ranhalten, auch wenn man an Bord bisher meistens später fertig wurde als geplant. Wir mobilisieren die letzten Kräfte und eilen im Laufschritt die Straße hinab. Hinab bedeutet ja immerhin mit ziemlicher Sicherheit Richtung Wasser. Ein Engel schickt uns doch noch ein Taxi, das uns zum Gate bringt. Weiter darf es nicht fahren. Von der RICKMERS HOUSTON nehmen wir weit entfernt die Spitzen der Ladebäume hinter einem dicken Containerschiff wahr. Gerade erreichen wir das Kontrollhäuschen am Gate, als ein Auto neben uns hält und jemand fragt: „Are you the passengers of the RICKMERS HOUSTON?" Er lädt uns in sein Auto und fährt los. Der Fahrer ist der Agent. Er erzählt, dass man schon nachmittags um vier mit dem Laden fertig war und dass nun unser Kapitän ziemlich nervös sei, weil wir noch nicht an Bord sind. Um halb acht schwanken wir die Gangway hinauf. Eine Viertelstunde später ist der Lotse da und schon geht es wieder los, noch bevor ich die Jacke ausgezogen, die Schuhe in die Ecke gefeuert und mich total erledigt auf das Sofa habe fallen lassen.

Am nächsten Morgen kuschele ich mich in Erhards Arme und wir liegen noch lange im Bett und erzählen uns vom gestrigen aufregenden Tag. Danach massieren wir uns gegenseitig die immer noch schmerzenden Beine.

Nachmittags spricht uns Säbel-Jacek an. Er ist als Fitter hier an Bord, etwa 50 Jahre alt und meistens von den Haarspitzen bis zu den Schuhsohlen in Öl und Schmiere versunken. Wenn der seinen Arbeitsoverall auszieht, bleibt der bestimmt von ganz allein stehen. Er erzählt uns aus seinem Seemannsleben. Lange Zeit hat er in der Maschine von Schiffen gearbeitet. Nun kann er nur noch auf einem Ohr hören und spricht deshalb sehr laut und lacht hinter jedem Satz in tiefen, krächzenden Tönen. Mary sagt, dass seine Stimme sich so anhört, als kratze jemand mit dem Fingernagel über eine Schiefertafel. Er spricht ein sehr gebrochenes Englisch, meistens nur Phrasen, und antwortet mit wenigen Wörtern, die er auf jeden Fall zur Sicherheit noch einmal wiederholt. Aber er liebt es, sich zu unterhalten und erzählt uns heute: „Nice sun. Nice sun. Soon swimming. Soon swimming!“ Hahahaha. Manchmal spricht er auch ein paar Brocken Spanisch und verlangt sonntags als Nachtisch immer sein „Elado, por favor“, ein Eis, bitte schön. James spielt dann sein Spielchen mit und serviert ihm: „Elado, Amigo.“ Hahahaha. Säbel-Jacek erzählt uns heute, dass er gern einmal seine Frau mit an Bord nehmen würde. Einige Kapitäne würden es erlauben, wenn die Frauen mitfahren, sagt er verträumt. Und dann erzählt er, welch eine wunderbare Frau er habe und wie sehr er sie liebe. Ja ja, das Seemannsleben. Wenn man so lange von zu Hause fort ist, einem die Sonne auf den Pelz brennt, es Sonntag ist und man mit einer Tasse Kaffee an der Reling steht, dann wandern die Gedanken über das Meer nach Hause und die Sehnsucht überfällt einen.

Wir fahren an der Westküste Mexikos gen Süden. Ein neues Geräusch lässt uns aufhorchen. Man hat angefangen, das Deck zu schleifen. Mit einer Maschine. Natürlich! Und wer glaubt, dass diese Maschine irgendeinen Lärmschutz hat, der täuscht sich gewaltig. Aber es wäre auch eine vergeudete Installation, denn wenn Metall auf Metall schleift, dann braucht man das Geräusch des Motors nicht zu minimieren, denn das ist das kleinere Übel.

Wir treffen uns mit dem Chief Engineer, den ich gebeten habe, mich mit hinunter zu seiner Maschine zu nehmen. Erhard begleitet mich. Nicht, dass mich diese Maschine wirklich brennend interessiert, aber, ich kenne mich: Wenn ich zu Hause angekommen und ich diesen Teil des Schiffes nicht gesehen hätte, würde ich mich sicherlich ärgern.

Wir müssen feste Schuhe tragen, bekommen Ohrenstöpsel und Handschuhe. In dem Maschinenraum ist es nämlich nicht nur laut, sondern auch heiß. Heute allerdings nur „schlappe 40 Grad“, wie der Chief grinsend sagt, und die Geländer, an denen wir uns festhalten, sind ebenso heiß. Überall große Motoren und Generatoren, Kessel und Schalter, Stromkabel, Ölleitungen, es dauert nur den Bruchteil einer Minute und ich weiß nicht einmal mehr, zu welcher Seite des Schiffes wir uns bewegen. Erst als der Chief Engineer mir die sich drehende Welle unter meinen Füßen zeigt und in Richtung der Schraube deutet, da kann ich die hintere Bordwand wiedererkennen. Der Maschinenkontrollraum ist so breit wie das ganze Schiff und es befindet sich dort ein langes Pult mit Hunderten von Schaltern und Hebeln, Drehknöpfen und Knipsern.

Die Konturen der mexikanische Küste können wir am Horizont in Dunst ausmachen. Der Panamakanal ist nach dem Absegeln der Küsten von Guatemala, El Salvador, Honduras, Nicaragua und Costa Rica nicht mehr weit entfernt. Die Fleecejacke, die wir noch vorgestern in Hollywood gut gebrauchen konnten, hängt heute wie ein Fremdkörper am Haken, wir laufen bereits wieder in Badelatschen und kurzen Hosen herum.

Barbecue-Party ist angesagt. Dieses Mal ohne stundenlange Vorbereitungen, denn die Seeleute haben erst um 17 Uhr Feierabend. Das Grillfeuer entwickelt sich zu einer Räucherei, Flammen züngeln aus der Tonne. Darüber gegossenes Wasser behebt den Schaden, trotzdem sehen einige Stücke reichlich dunkel aus. Es gibt Hühnerbeine und -brüste, Steaks, Fische und Schweinebauchstücke, die doppelt so lang sind wie bei uns zu Hause. Eine Menge Fett tropft heraus und das Feuer in der Tonne flammt immer wieder auf. Der arme Ron kann vor lauter Rauch kaum noch aus den Augen schauen.

Die Musik ist natürlich für unsere Ohren wieder viel zu laut, aber dieses Mal sind wir schlauer als bei der ersten Party und wählen einen Platz weit weg von den Lautsprechern. Ein sehr harmonischer Abend steht uns bevor. Man sitzt und steht beisammen und unterhält sich, so gut es eben geht. Alle sind zufrieden und fühlen sich offensichtlich wohl. Das Wetter trägt sein Scherflein dazu bei: Es beschert uns einen wunderschönen Sonnenuntergang. Ständig werden Getränke und Speisen gereicht und nicht nur James und Ron sind damit beschäftigt, nein, jeder schaut mal über die Tafel und bringt etwas Neues vorbei oder bietet Leckerbissen von der anderen Seite an.

Am Himmel zeigen sich heute Nacht wieder Tausende und Abertausende von funkelnden Sternen. Die fliegenden Fische flitzen wie kleine weiße Pfeile über das dunkle Wasser, weil sie von den Lichtern an Bord angestrahlt werden.

Es wird immer wärmer. Das Wasser ist dunkel-königsblau, die Sonne lässt die kleinen Kämme der sich überschlagenden Wellen blendend weiß leuchten. Dort, wo die Wellen nur kleine Türmchen aufbauen, sich aber nicht überschlagen, scheint es, als wenn jemand unter ihnen Lichter angezündet hätte.

Am nächsten Nachmittag haben wir 39 Grad Celsius. Neununddreißig!

Die Kleidung klebt sofort, wenn man sie anzieht, am Körper, so hoch ist die Luftfeuchtigkeit und sie wird höher und höher, je weiter wir uns Panama nähern. Auch eine kalte Dusche bringt keine Abkühlung, denn aus dem Kaltwasserhahn kommt nur noch warmes Wasser! Ja, so ist das auf einem Frachter, dessen Klimaanlage scheinbar aus den ersten Tagen der Erfindung derselben stammt. Wahrscheinlich hat sie nun endgültig ihren Geist aufgegeben. Im Restaurant und der offenen Küche daneben herrschen Temperaturen wie in einer Sauna. Mary meint, dass bei dieser Hitze ihr Appetit „Just outside the window“ fliegen würde!

Abends bahnen wir uns den Weg über die neu gestrichenen Planken zum Bug, tagsüber ist es dafür zu heiß. Dort genießen wir die warme Schwüle und sehen eine ganze Stunde lang dem Sonnenuntergang zu. Es wird uns ein phantastisches Schauspiel geboten: diese Farbenpracht! Ich kann nicht genug davon bekommen! So etwas Schönes! So etwas Faszinierendes! Das Meer glitzert silbern, die kleinen Wellen heben sich blau daraus hervor, der Himmel ist am Horizont dunkler als das Meer und wird erst weiter oben heller: blau, hellblau, blassblau, blassgrau. Die Sonne schickt die ersten rosa und violetten Farben in den Himmel die sich auf dem Wasser widerspiegeln. Ich fühle mich wie in der Mitte eines Luftballons, dessen Außenhaut das Firmament ist.

Sonnenuntergang

Wir stehen an der Reling und schauen den vielen umherschwirrenden fliegenden Fischen zu. Das Wasser ist fast still, nur hin und wieder ist ein kleines Gekräusel des Windes zu sehen. Da hören und sehen wir gleichzeitig, wie sich im Wasser etwas bewegt. Wellen entstehen, es platscht, zwei dunkle Dreiecke, dicht beieinander, schauen aus dem Wasser. Da dreht sich ein großer Rochen auf den Rücken und wir sehen deutlich seine weiße Bauchseite.

Der Kapitän hat ein Fax erhalten, in dem ihm mitgeteilt wird, welche Passagiere in welchem Hafen ein- bzw. ausschiffen werden. Marlene hat immer gesagt, dass sie bis Camden mitfährt, aber laut Fax soll sie in Houston aussteigen. Sie sagt, dass auf ihrem Ticket tatsächlich Houston - Houston stehen würde, sie aber auf keinen Fall dort das Schiff verlassen will, da sie ja auch erst in Camden eingestiegen sei. Unter allen Umständen will sie bis Camden mitfahren, egal, was passiert, anderenfalls müsse man sie die Gangway heruntertragen. Der arme Kapitän! Er hat eine Menge zusätzlicher Arbeit durch uns Passagiere.

Panama bis Vera Cruz

Es wird so leicht Niemand vermuten, wo ich jetzt sitze bzw. halb liege: mit dem Rücken an die Wand gelehnt auf den Kopfkissen meines Bettes. Der Blick geht nach achtern aus dem Fenster mitten in den Panama-Kanal! So habe ich mir meine Seereise oft in Träumen vorgestellt! Wir liegen im Miraflores-See an der Mooring und warten, bis die Pedro-Miguel-Schleuse zur Passage frei wird.

Schon vor Sonnenaufgang sind wir an Deck und sehen Panama-City und Balboa aus dem Morgennebel auftauchen. Hohe Inseln sind der Kanaleinfahrt vorgelagert, bewachsen mit Palmen und anderen tropischen, gelb und rot blühenden Bäumen. Ein prachtvoller Eindruck im frühen Morgenlicht. Seit gestern Nachmittag begleitet uns ein hübsches, weißes Kreuzfahrtschiff. Es ist die „Crystal Symphony“. Kurz vor Panama-City ist sie nun an uns vorbeigeglittenen.

Der Hafen von Balboa zieht langsam steuerbords an uns vorbei. Zu diesem Namen gibt es eine schier unglaubliche Geschichte: Ein Spanier namens Vasco Nuñes de Balboa flieht aus seiner Heimat, versteckt in einer Proviantkiste, an Bord einer spanischen Karavelle, die zur sagenhaften Goldküste Mittelamerikas segelt. Erst auf hoher See stellt er sich als blinder Passagier dem Kapitän. Dieses ist die erste Kostprobe seiner erstaunlichen Verwegenheit und Findigkeit. Doch der Kapitän nimmt ihn mit, auch wenn er ihn wohl über Bord hätte werfen können, was er später möglicherweise bereut.

Unterwegs erfahren Kapitän und Besatzung, dass der Stützpunkt im Goldland von den Spaniern aufgegeben wurde, weil die Leute von dem fürchterlichen Sumpfklima oder den giftigen Pfeilen der Eingeborenen getötet wurden. Das ersehnte Gold haben sie nicht gefunden. Der Kapitän will umkehren, doch Balboa will ihn umstimmen. Er redet um sein Leben, schildert in glühenden Farben den Goldreichtum, und spricht von freundlichen Eingeborenen. Sofort hat er die Besatzung hinter sich. 1510 kommt er im heutigen Panama an. Dort ernennt er sich selber zum Generalkapitän der neuen Kolonie, obwohl es noch einen von der spanischen Krone eingesetzten Statthalter gibt.

Balboa verlobt sich mit der Tochter eines einflussreichen Indianerhäuptlings, denn er will Informationen zum sagenhaften Gold bekommen. Ständig sitzt ihm die Angst im Nacken, dass eine Nachricht von dem inzwischen geflohenen Statthalter den spanischen König erreicht. Um den zu versöhnen, tritt er die Flucht nach vorn an und schickt ein Segelboot in die alte Heimat. Es führt einen großen Teil des inzwischen gefundenen oder geraubten Goldes mit. Als Gegenleistung für diesen Schatz erwartet Balboa, dass der König ihn als Generalkapitän der Kolonie bestätigt.

Kurz darauf erfährt Balboa von seinen neuen Verwandten, dass es einen Weg zum Pazifischen Ozean gibt. Sofort schickt er ein zweites Schiff, um dem spanischen König auch diese Nachricht mitzuteilen und um kühn eine Truppe von tausend Mann für die Erkundung zu erbitten.

Nach einer Weile kehrt ein Schiff aus der spanischen Heimat zurück. Aber es bringt schlechte Nachrichten. Balboa ist in Abwesenheit zum Tode verurteilt worden. Von dem zweiten Schiff wusste man in Spanien nichts. Mit einer Truppe von nur 190 Soldaten bricht Balboa am 1. September 1513 auf, um dem Galgen zu entfliehen und beginnt als Held und Bandit, Abenteurer und Rebell den Marsch in die Unsterblichkeit. In erstickender und erschlaffender Äquatorglut müssen die Spanier zuerst die Niederungen durchqueren, deren sumpfiger, fieberschwangerer Boden noch Jahrhunderte später beim Bau des Panamakanals vielen tausend Menschen das Leben kostet. Übernächtigt, hungrig, durstig, umschwirrt von Insekten arbeiten sich die Männer vorwärts. Schon nach der ersten Woche kann ein Großteil der Mannschaft den Strapazen nicht mehr standhalten. Nach achtzehntägigen heroischen Mühen, als man schon den Kamm des Gebirges erblicken kann, hinter dem man das pazifische Meer sehen soll, stellen sich ihm Hunderte Indios in den Weg und verweigern den Weitermarsch. In altbekannter Eroberermanier lässt Balboa seine Waffen Blitz und Donner feuern, bis die Eingeborenen schreiend flüchten. Mit nur noch 67 Mann blickt er dann am 25. September 1513 zum ersten Mal auf den Pazifischen Ozean. Vom spanischen König wird er schließlich tatsächlich noch zum „Adclantado der Südsee“ erhoben, ein neuer Generalgouverneur lässt ihm 1517 aber doch den Kopf abschlagen. So viel zu dem Namen Balboa.

Vor dieser geschichtsträchtigen Kanaleinfahrt drehen wir nun mit unserer RICKMERS HOUSTON noch eine Ehrenrunde im Pazifik, bis der Lotse kommt. Unzählige große Pelikane kreisen in Schwärmen umher, genau wie die beeindruckenden Fregattvögel mit ihrem hakenförmigen Schnabel und den bis zu 230 cm breiten, angewinkelten Flügeln. Andere bunte Vögel sind so zutraulich, dass sie wenige Meter von uns entfernt an Bord herumhüpfen.

Es tauchen laufend schnelle Boote auf, die an der Bordwand festmachen. Eine bisher nicht erlebte Vielzahl von Menschen betritt unser Schiff. Eine Inspekteurin ist dabei, ein Agent, denn es wird auch Post gebracht, natürlich der Lotse und auch jemand mit einem gelbem Helm, der einige Zeit später wild gestikulierend und schreiend unten auf den Ladeluken auftaucht. Auf der Backbordseite hat ein kleines Schiff längsseits festgemacht. Unsere RICKMERS HOUSTON ist inzwischen an Panama-City vorbeigezogen und kurz vor der imponierenden „Brücke Amerikas“. Plötzlich bewegt sich unser Ladebaum, der direkt vor der Navigationsbrücke steht. Auf dem Schiff, das uns längsseits begleitet, sind einige Stahlrohre, Schienen und Kartons zu sehen. Diese werden nun während der Fahrt auf unser Schiff gehievt und der gelb behelmte Mann dirigiert aufgeregt den Kran!

Die Sonne brennt inzwischen dermaßen, dass wir unsere kurzen Hosen und Hemden gegen lange austauschen. Die Einfahrt zur ersten Schleuse, den Miraflores Locks, liegt hinter einer leichten Biegung. Mit viel Erfahrung werden wir sicher in die Schleuse gezogen, die Tore hinter uns sind bereits eine Viertelstunde später geschlossen, es dauert nur zehn Minuten, bis der erforderliche Wasserstand in der Kammer erreicht ist und die Tore an der Vorderseite sich öffnen. Insgesamt acht Lokomotiven, je vier an einer Seite, sind mit dem Schiff vertäut und sorgen dafür, dass wir nicht gegen die Schleuseninnenwände stoßen. Die Abfertigung ist richtig rasant. Bald öffnen sich die Tore der zweiten Schleusenkammer und nach einer Dreiviertelstunde liegt die erste „Steigung" hinter uns. Insgesamt muss unser Schiff eine Höhe von 26 Metern überwinden, die in drei Schleusen mit insgesamt sechs Kammern bezwungen werden.

Ausschau vom Peildeck in den Panamakanal

An Land sind neben den Miraflores Locks Zuschauertribünen aufgebaut, wo die Menschen im Schatten verweilen und zu uns hinüber winken. Neben einem neu errichteten Gebäude ist eine alte amerikanische Schleusen-Lokomotive ausgestellt, ebenfalls eine kleine Lore, mit der man damals hier den Steinschutt der Berge abtransportiert hat.

Schleusen von Miraflores, Panamakanal

Hinter den Miraflores Locks liegt der Miraflores-See, in dem wir nun an der Mooring liegen. Danach folgt die einstufige Schleuse von Pedro Miguel und dann der Gaillard Cut, das engste Stück des Kanals, dass beim Bau die größten Schwierigkeiten bereitet hatte, weil hier die meiste Landmasse abgetragen werden musste. Diese enge „Einbahnstraße“ wird jetzt verbreitert, damit die Schiffe zu zweit aneinander vorbei fahren können und somit Wartezeiten verkürzt werden.

Von der Pedro Miguel Schleuse kommt uns das Katamaran-Segelschiff „Diva“ aus Dänemark entgegen und wir winken begeistert zu unseren Nachbarn aus der Heimat hinüber. Es folgen der unförmige Autotransporter „Blue Hawk“, das Containerschiff

„Dane“ aus Shanghai, und dann, die Augen können kaum das Ende des nächsten Schiffes ausmachen: die „Mercury“ der Celebrity Cruises. Ein Kreuzfahrtschiff von 77.713 BRT, 264 m lang, mit 1.888 Passagieren und 909 Mann Crew an Bord, von denen einige von ihren Balkons interessiert zu uns hinüberschauen, genau so, wie wir zu ihnen blicken. Auf dem Peildeck wird gejoggt und die Lautsprecherdurchsagen sind bis zu uns herüber zu hören.

Superkreuzfahrtschiff

Das Ufer des Kanals vermittelt den Eindruck, als befänden wir uns auf dem Amazonas. Urwald, richtiger Urwald! Grün in immer neuen Färbungen und lauter unbekannte, fremdartig anmutende Bäume und Sträucher. Alles ist überwuchert von Schlingpflanzen, die Baumwurzeln sind an den Füßen mit Büschen und schilfartigen Pflanzen bedeckt. Der Wald wächst bis ins Wasser. In diesem Dickicht herrscht ein lautes Gezwitscher und Gepfeife der Vögel, große Schmetterlinge torkeln durch die Luft.

Am Rande des Urwalds

Was machen eigentlich unsere Seeleute während solch eines Mooring-Aufenthaltes? Wir schauen über die Nock und sehen einige der wohlvertrauten Menschen im Arbeitsdrillich auf dem Vorschiff. Sie haben sich den stählernen Transportwagen geholt, ein paar Bretter darauf gelegt und ziehen sich gegenseitig unter großem Gejohle über das Deck. Die, denen der Agent Post von zu Hause mitgebracht hat, strahlen bis zu den Ohren, quietschen vor Freude, lachen und grölen über die mitgeteilten Neuigkeiten, die sie den anderen lauthals kund tun. Ach, ist das heute ein schönes Seemannsleben! Und das Radio in der Küche wird auch gleich zwei Nummern lauter gestellt. Ansteckende Freude und Ausgelassenheit, wohin man schaut!

Bis kurz vor Sonnenuntergang bleiben wir an der Mooring. Nach dem Abendessen kommt der Lotse mit achtzehn(!) Hilfsleuten. Zwei Schlepper ziehen uns in die Pedro-Miguel-Schleuse. Wieder ist die Abfertigung rasant und beim Verlassen der Schleuse ist es bereits dunkel.

Einfahrt in die Pedro-Miguel-Schleuse

Wir sitzen an Bord und genießen die romantische Stimmung im Kanal. Die gesamte Decksbeleuchtung ist ausgeschaltet, die vielen Leute sind verschwunden, nur der Lotse ist noch an Bord. Das Fahrwasser des Kanals ist am Gaillard Cut sehr eng. Schemenhaft erkennen wir das stufenförmig abgetragene Ufer. Im lauen Fahrtwind, unter funkelnden weißen Sternen gleiten wir ruhig an den bunten Begrenzungslichtern des Kanals entlang. Immer noch herrscht große Hitze und hohe Luftfeuchtigkeit. Wir sind von der Stimmung um uns betört, sitzen auf einer von der Sonne noch aufgewärmten Stahlkiste auf dem höchsten Punkt unserer RICKMERS HOUSTON, dem Peildeck und trinken in Gedanken versunken unser letztes kühles Bier.

Bald ist an Land kaum noch etwas zu erkennen. Wir gehen in unsere Kojen, wollen aber auf jeden Fall vor der nächsten Schleuse am Gatun Lake wieder aufstehen. Als wir gerade im Bett liegen, geht bereits ein Zittern und Rütteln durch das Schiff: Die Schraubendrehzahl wird geändert. Sofort schauen wir aus dem Fenster. Nichts zu sehen. Müde kippen wir zurück in die Kissen. Eben wieder eingeschlafen, knallt es und ein lang anhaltendes, zischendes Geräusch folgt. Es hört sich gefährlich an und wird nicht leiser. Wieder ist unser Kopf an der Fensterscheibe. Ich erblicke einen Wasserstrom vor unseren Fenstern! Der Feuerwehrschlauch vom Pool hat sich von seiner Befestigung losgerissen. Nun spritzt das Wasser unter Hochdruck hinauf auf unser Deck! Das Ventil hat sich durch das viele Gerüttel bei den Manövern gelockert und mit einem Knall geöffnet. Ein verschlafener Seemann taucht auf, ruft laut und dreht wild am Ventil herum. Irgendwann ist das Gezische beendet und wir schlafen sofort ein.

Um Mitternacht verändert sich das Maschinengeräusch. Dicker, wabernder Rauch quillt aus dem Schornstein. Wir fahren zur letzten Schleuse, der Schleuse von Gatun. Hier werden wir in drei Stufen wieder hinab zum Kanalausgang gebracht. Gegen zwei Uhr morgens haben wir den Panamakanal durchquert. In einem tiefen Schlaf erholen wir uns von diesem ereignisreichen Tag. Auf der Brücke hingegen heißt es jetzt „full speed ahead“ nach Houston und damit zu dem letzten Hafen unserer Reise.

Es ist nach zwölf mittags als wir zufällig aufwachen. Das Frühstück und Mittagessen haben wir versäumt. Na, das macht nichts. Aber vielleicht kann ich noch vom Nachtisch, den köstlichen Früchten, etwas erbeuten? Das Restaurant ist leer, nur Marlene trinkt noch ihren Tee. Während ich mir zwei Orangen aussuche, sagt sie überraschend: „Good news! Our next port is Vera Cruz, not Houston!“ Vor zwei Tagen haben wir ein Fax nach Hause geschickt, um unserer Rückreise vorzubereiten. Und nun geht es noch nach Mexiko! Ja, solch eine Frachterreise steckt doch immer wieder voller Überraschungen!

Inzwischen sind wir in der Karibik. Glattes Meer, blauer Himmel, strahlende Sonne, am Horizont eine flache Palmeninsel, davor weißer Strand und türkisfarbenes Wasser. So habe ich es mir vorgestellt! Aber wir müssen uns wieder festhalten, das Schiff rollt gewaltig. Vorsichtshalber ist alles festgezurrt und ein Pflaster klebt hinter meinem Ohr. Es stürmt, was das Zeug hält. Selbst hier oben im dritten Stockwerk über dem Main Deck, also in Hausdachhöhe, spritzt uns die Gischt, fein wie Nieselregen, ins Gesicht. Ja, so ist hier heute die Karibik!

Draußen ist es etwas ruhiger geworden. Wir haben nur noch 5 Windstärken. Die Farbe des Wassers in der Karibik? Man glaubt es nicht! Nein, man glaubt es wirklich nicht, dass nach so vielen Tagen auf dem Meer das Wasser immer noch andere Farben für uns parat hat! Hier muss der liebe Gott sehr üppig mit seinem Farbeimer hantiert haben. Eine königstintenblaue, samtene Farbe strahlt uns entgegen und dort, wo die Luft unter das Wasser gewirbelt wird und sich große Schaumflächen bilden, ist es hellblaugrün bis türkis und in die blaue Farbe mischt sich noch Silber ein. Man kann es wirklich kaum fassen!

Inzwischen haben wir den Kurs geändert, sind nördlich des Kap Gracias auf nordwestlichen Kurs gewechselt. Östlich von uns liegen Jamaika und die Caymaninseln.

Der neu avisierte Hafen ist natürlich das Gesprächsthema. Wer weiß etwas über die Stadt? Wer war schon einmal da? Wann werden wir ankommen? Wie lange werden wir bleiben? Eigentlich sind es immer wieder dieselben Fragen, die von uns Passagieren gestellt werden. Der Kapitän erzählt, dass die Reederei ihn drängt, full speed zu fahren. Aber das tut er sowieso fast immer. In Vera Cruz soll er nur zwölf lange „Moduls“ auf das Deck legen und mitnehmen. Das ist voraussichtlich keine lang dauernde Arbeit. Vielleicht nur ein kurzer Aufenthalt?

Mittlerweile sind wir im Kanal von Yucatan, der das Karibische Meer mit dem Golf von Mexiko verbindet, landmäßig gesehen zwischen Mexiko und Kuba. Unsere RICKMERS HOUSTON macht eine gute Geschwindigkeit von 15,7 Knoten, denn wir haben Rückenwind. Der Kapitän strahlt.

Allmählich denke ich nun immer mehr an die Rückreise und an unser Zuhause. Die ersten Koffer sind gepackt und verschnürt.

Seit Tagen ist der Kapitän aufgeregt, weil er getrieben wird, möglichst schnell nach Vera Cruz und anschließend noch schneller nach Houston zu kommen. Ursprünglich war die Ankunftszeit in Houston für übermorgen festgelegt. Aber schon gestern sagte er, dass das völlig abwegig sei.

Es ist fast 15 Uhr. Zu dieser Zeit sollen wir in Vera Cruz ankommen. Vor einigen Minuten fühlte ich, wie die Maschine zu rütteln begann. Ich gehe hinaus und schaue über die Bordwände. Als nichts zu sehen ist, stapfe ich zur Brücke. Von dort kann ich Umrisse von einigen Inseln sehen. Der Zweite Offizier hat Wache. Auf der Brücke steht auch Eddy. Er gehört zu den Seeleuten, die das Ruder bedienen können, wenn ein Lotse an Bord ist. Das stimmt mich fröhlich, ist es doch absehbar, dass wir bald in Mexiko sein werden. Auf dem Kartentisch liegt eine neue Karte vom Hafengebiet von Vera Cruz. Ich studiere sie interessiert, als der Zweite Offizier völlig überraschend zu mir sagt: „We are going to anchorage until monday." Ich glaube meinen Ohren nicht zu trauen und schaue ihn verständnislos an. Drei Tage lang ankern? Nein, nein, das kann doch nicht wahr sein! Oh Mann, solch eine Frachterreise ist schon deshalb aufregend, weil man sich auf überhaupt nichts, wirklich überhaupt nichts verlassen kann. Ist es denn zu fassen? Drei Tage vor Anker! Die Stadt in Sichtweite und nicht hinkommen! So ein Mist!

Im Pool kühle ich mich ab und hebe dann wieder und wieder das Fernglas vor die Augen, schaue sehnsuchtsvoll hinüber nach Vera Cruz, zu den Häusern und den schönen, gelben Stränden.

An Bord ist es ruhig. Der Kapitän erscheint weder zum Abendessen, noch zum Frühstück oder Mittagessen. Wahrscheinlich ist er es leid, sich unsere Fragen anzuhören, vielleicht hat er aber auch keine Lust, sich die traurigen Gesichter seiner Mitreisenden anzusehen.

Die Seeleute versuchen Fische zu fangen. Ein Angelhaken wird an das Ende eines Perlonfadens gebunden und die Schnur über eine leere Plastikflasche gewickelt. Dem Koch haben sie kleine Tintenfische als Köder abgeluchst. Die Lampen, die in der Malakka-Straße noch zum Abschrecken von Piraten unser Schiff illuminierten, hängen jetzt außenbords eben über dem Wasser, um die ahnungslosen Fische anzulocken. Einige Filipinos sitzen barfüßig an Bord und singen heimische Lieder zu Gitarrenmusik. Alte Seemannsromantik oder etwa Heimweh?

Morgens erzählt mir der Chief Mate, dass er einmal 60 (sechzig!) Tage mit einem Schiff vor Anker gelegen hat. Erschüttert hoffe ich, dass wir nicht so lange hier bleiben werden. „Nooo, maybe today or tomorrow we are sailing.“ Ich höre nur das Wort „tomorrow“ und denke mir meinen Teil. Wenn dieses Wort erst einmal am Horizont auftaucht, dann dauert es meistens nicht mehr sehr lange, bis aus der Ahnung eine Tatsache wird!

Für mich ist es wie Folter, hier an Bord zu stehen, die hübsche Stadt dort drüben zu sehen und keine Möglichkeit zu haben, dorthin zu gelangen. Ich versuche mich abzulenken und nicht griesgrämig, brummig und ungenießbar zu werden. Also putze ich zur Zerstreuung Bad und Wohnzimmer und wasche Wäsche. Aber irgendwann ist alles erledigt und ich sitze wieder da und wehre mich gegen meine innere Wut und meine Unfähigkeit, ein passendes Rezept gegen meine Ungeduld zu finden. Unser Schiff bewegt sich deutlich. Ich werde ganz wackelig und taumelig auf den Beinen von diesen kleinen, kurzen Wellen.

Zum Dinner kommt der Kapitän mit der Kopie eines Faxes, in dem steht, dass unser Liegeplatz im Hafen noch nicht frei ist. Voraussichtlich wird das dort liegende Schiff morgen Mittag das Laden beenden. Alle Leute scheinen inzwischen nervös zu sein. Oder kommt es mir nur so vor? Ich finde es jedenfalls nett, dass der Kapitän uns sofort über diese neue Nachricht informiert, denn er weiß, dass wir schon Vorbereitungen für unseren Rückflug eingeleitet haben.

Vera Cruz bis Houston und Hamburg

In der Nacht regnet es heftig, die Luft ist klar und Vera Cruz präsentiert sich von der schönsten Seite. Abends erschüttert ein bekanntes Rütteln das Schiff, kurz darauf bewegen wir uns Richtung Hafen. Die Einfahrt ist heikel, denn dort befinden sich mehrere flache Inseln. Dazwischen müssen wir hindurch. Die Wassertiefe beträgt nur 14 Meter. Der Kapitän ist nervös und rennt aufgeregt hin und her. Der Wind faucht dazu. Es dauert ihm viel zu lange, bis endlich die beiden Lotsen auf der Brücke zur Verfügung stehen.

Das alte spanische Kastell wirkt zwischen den Containergebirgen und Verladebrücken deplatziert. Auf unserer Pier befinden sich gewaltige Mengen von zerstückeltem Schrott. Der Abtransport davon erfolgt mit Muldenkippern auf Lkws. Die Arbeitsgeräte dröhnen ohrenbetäubend, wenn sie sich mit voller Kraft in die Schrottberge beißen. Mächtige, braune Staubwolken steigen empor und die nach Metall schmeckende Luft kratzt in unserem Hals. Ein Treiben herrscht dort, wie auf einem Ameisenhaufen. Um den Trubel zu vervollständigen, sausen unzählige mit bunt blinkenden Lampen ausgestattete Fahrzeuge auf der Pier umher und sind mit Bezeichnungen wie „Port Captain“ beschriftet. Auch ein offenes Militärfahrzeug mit sieben Soldaten auf der Ladefläche patrouilliert vorbei.

Am nächsten Tag steigen wir früh die Gangway hinunter. Der große Schrottberg ist halb verschwunden. In der Stadt sehen wir uns die hübschen Plazas, Denkmale, Figuren und Skulpturen an. Die Geschäfte an den Straßen sind sehr bunt dekoriert und auf dem großen Platz an einer Kathedrale bereiten sich Musikanten auf ein Ständchen vor. Mittags müssen wir wieder an Bord sein.

Vera Cruz

Der letzte Tag auf dem offenen Meer ist angebrochen, denn morgen werden wir in Houston erwartet. Etwas traurig sitze ich mit meinem Laptop an Bord und lasse mir noch einmal den warmen Fahrtwind um die Nase wehen. Soll diese schöne Reise nun wirklich bald vorbei sein? Ich bekomme feuchte Augen, auch wenn ich mich in anderen Momenten nach Hause gesehnt habe.

Unsere Seeleute machen einen müden Eindruck, denn fast alle waren in der Nacht an Land und sind erst heute Morgen zurückgekommen. Am Abend bringt James eine Platte voller Toaststückchen, die mit Wurst, Käse und Ananas zusammen auf Zahnstocher gesteckt sind. „The captain will come", sagt er und stellt sein kleines Meisterwerk auf unseren Tisch. Der Kapitän freut sich über unsere Einladung und sitzt zufrieden auf dem Sofa. Er erzählt so viel, dass wir nicht einmal Gelegenheit haben, auf seine Fragen zu antworten. Er fühlt sich offensichtlich sehr wohl, und wir erfahren von der Geschichte Polens und seiner Frau, die er über alle Maßen lobt, und von seinen Söhnen. Es wird Mitternacht, bis wir ins Bett gehen.

Bye bye, Mexico

An der Küste vor den Vereinigten Staaten steht ein Wald aus Ölplattformen und Ölbohrtürmen. Unser Schwiegersohn will uns heute in Houston abholen. Dann heißt es Abschied nehmen von all den freundlichen, uns inzwischen ans Herz gewachsenen Menschen und der RICKMERS HOUSTON, diesem liebenswerten, in die Jahre gekommenen Frachtschiff, dass in seiner Lobby noch den dicken Stamm eines Mastes als Erinnerung an alte Segelfrachtschiffe hat, dessen Aufenthaltsraum mit den Gastgeschenken der angelaufenen Häfen der Jungfernfahrt geschmückt ist, dessen Aufbauten in diesen Wochen von den fleißigen Seeleuten in leuchtenden Farben gestrichen wurden, sodass der eine oder andere Besucher beim Einschiffen in Hamburg staunen würde, wie hübsch das Schiff nun aussieht. Wir müssen uns von unserem Zuhause für viele, viele unvergessliche Wochen verabschieden und von einer Reise, die immer noch ein Abenteuer ist und alles bisher Erlebte weit in den Schatten stellt.

Hamburg haben wir vor vier Monaten mit Blitz und Donner am Himmel verlassen. Heute Morgen werden wir ebenfalls von einem lauten Knall geweckt. Ist wieder ein Piston der Klimaanlage gebrochen, ein Ventil zerborsten? Nein, kein technischer Defekt: Auch hier hat Petrus es sich einfallen lassen, uns im bewegten Meer zum tiefschwarzen Himmel noch ein Gewitter zum Abschied zu schicken. Es kracht gewaltig und wahre Regensturzbäche kommen vom oberen Deck heruntergeschossen.

Im Treppenhaus hastet der Chief Mate wortlos mit Riesenschritten die Stufen hinauf. Hat ein Blitz eingeschlagen? Noch habe ich keine Ahnung, warum er es so eilig hat. Etwa eine halbe Stunde bevor der Lotse an Bord kommen soll, sind wir auf der Brücke. Dort erfahren wir den Grund der Aufregung: Die Masten unserer großen Kräne müssen wegen einer niedrigen Brücke am Ende des Ship Channels heruntergelassen sein, bevor der Lotse an Bord kommt. Damit hat offensichtlich keiner gerechnet, denn den Kanal werden wir noch sechs lange Stunden befahren und erst während dieser Fahrt wollte man die Masten „lowern“. Nun muss alles blitzartig gehen, denn der Lotse kommt nur an Bord, wenn diese Arbeiten abgeschlossen sind. Anderenfalls müssen wir zwei Tage vor Anker gehen. Solch eine Drohung! Erneut hängt ein Damoklesschwert über uns!

Es regnet in Strömen und der Bosun und zwei Helfer arbeiten wie wild, aber die widerspenstigen Masten bewegen sich, wenn überhaupt, nur im Zeitlupentempo. Zwei Mal hat der Kapitän dem Bosun über Funk schon gesagt, dass er sich um Himmels willen beeilen soll. Nun brummt er vor sich hin: „You know, we always have problems with the power!“ Hoffentlich nicht auch das noch! Nicht auszudenken! Der Kapitän läuft wie ein Raubtier hin und her und niemand sonst wagt ein Wort zu sagen. Alle starren gebannt zu den arbeitenden Männern an den bewegungslosen Kränen. Mir ist das alles zu aufregend, ich gehe zurück in die Kabine. Aber ich bekomme doch mit, dass nur wenig später ein Lotsenboot anlegt und der Lotse tatsächlich auf unser Schiff klettert. Gerettet!

Mit gesenktem Ladebaum durch den Ship Channel nach Houston

Im Ship Channel, der vom Golf von Mexiko bis Houston führt, sind die Ufer zu 80 % von Raffinerien oder anderen Erdöl verarbeitenden Betrieben gesäumt. Wir sind in Texas. Mir ist, als führe ich stundenlang durch einen Industriepark.

Gegen 16 Uhr sind wir am Kai festgebunden. Eine Stunde später steht unser Schwiegersohn an Deck. Das war aber knapp! Unser Abschied ist überaus herzlich. Küsschen links, Küsschen rechts, feuchte Augen, winke, winke. Auf dem Weg zum Flughafen ist es auffällig still im Auto.

Nach über vier Monaten sind wir wieder zu Hause. Wir öffnen die Tür zur Terrasse und erblicken einen mit Blumen geschmückten Gartentisch, im Kühlschrank stehen zwei Flaschen Sekt und ein liebevoll verziertes und beschriebenes Willkommensherz aus gelber Pappe leuchtet uns entgegen. Auf unsere „tausend Kleinigkeiten“ wurde rührend von Freunden, Nachbarn und der Familie aufgepasst, und mit wässrigen Augen stehen wir nun eng umschlungen im Garten, blicken zum Sternenhimmel empor und sehen, dass der Große Wagen wieder „richtig herum“ hängt.

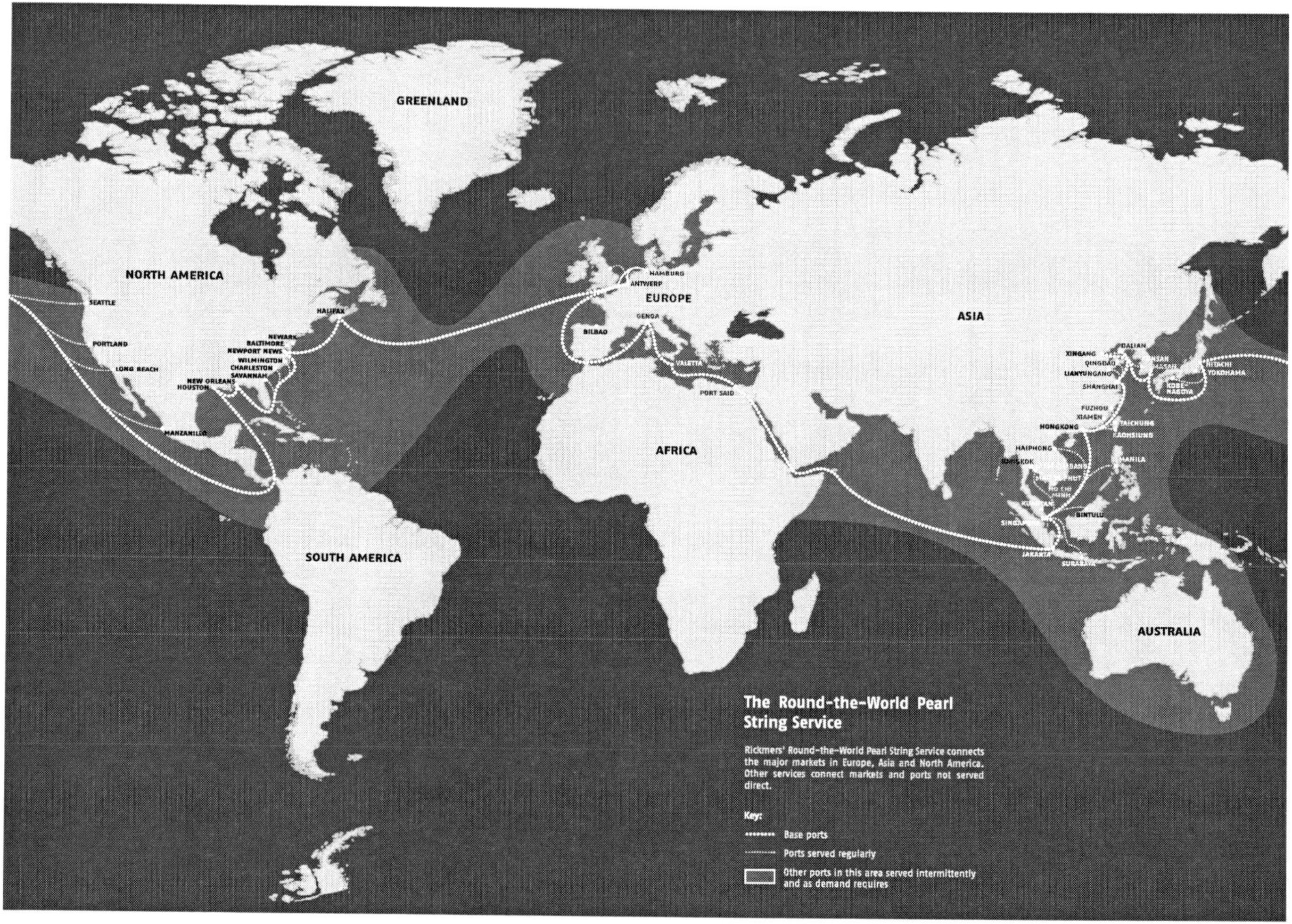
GREENLAND
NORTH AMERICA
SEATTLE
PORTLAND
LONG BEACH
MANZANILLO
HOUSTON
NEW ORLEANS
SAVANNAH
CHARLESTON
WILMINGTON
NEWPORT NEWS
BALTIMORE
NEWARK
HALIFAX
SOUTH AMERICA
EUROPE
HAMBURG
ANTWERP
GENOA
BILBAO
VALETTA
PORT SAID
AFRICA
ASIA
XINGANG
DALIAN
QINGDAO
LIANYUNGANG
SHANGHAI
FUZHOU
XIAMEN
HONGKONG
TAICHUNG
KAOHSIUNG
HAIPHONG
MANILA
BINTULU
JAKARTA
SURABAYA
HITACHI
YOKOHAMA
KOBE
NAGOYA
AUSTRALIA
The Round-the-World Pearl String Service
Rickmers' Round-the-World Pearl String Service connects the major markets in Europe, Asia and North America. Other services connect markets and ports not served direct.
Key:
Base ports
Ports served regularly
Other ports in this area served intermittently and as demand requires

„RICKMERS HOUSTON“

Technische Daten:

Baujahr:	1979
Bauwerft:	Kawasaki Heavy Ind., Kobe/Japan
IMO-Nummer:	7729215
Official Number:	716004
Rufzeichen:	C6IM9
Flagge:	Bahamas
Heimathafen:	Nassau
Bruttoregistertonnen:	23.239
Nettoregistertonnen:	11.538
Tragfähigkeit:	31.500 Tonnen
Länge über alles:	183 m

Breite:	27,3 m
Tiefgang:	11,55 m
Geschwindigkeit:	16 Knoten
Maschine:	Kawasaki/MAN 15.200 PS
Ladegeschirr:	2 x 225 t Stuelcken- Schwergutbäume
	4 x 25 t Frachtkräne
	4 x 12 t Ladebäume

Tipps für Frachtschiffreisende

Visa:

Wenn die Reiseroute nicht eindeutig ersichtlich ist, fragen Sie den Reisevermittler. Informieren Sie sich rechtzeitig, ob Sie für diese Länder ein Visum benötigen. Beachten und überprüfen Sie aktuelle Information über Visabestimmungen, z. B. über das Internet. Visa erhalten Sie entweder direkt bei den Konsulaten oder über Visa-Agenturen. Ihr Pass muss noch mindestens sechs Monate gültig sein. Achten Sie auf die Bearbeitungszeiten der Konsulate und die Gültigkeitsdauer des Visums! Es kommt vor, dass ein Visum z. B. erst 50 Tage vor der geplanten Abreise beantragt werden darf, jedoch nur eine Gültigkeitsdauer von 3 Monaten hat! Auch die Visagebühren sind unterschiedlich hoch.

Medizin:

Informieren Sie sich bei Ihrem Hausarzt.

Empfehlenswert:

- Antibiotika
- Schmerzmittel von leicht bis stark
- Beruhigungsmittel
- Mittel gegen Seekrankheit
- falls erforderlich Malaria-Prophylaxe oder Malaria-Standby-Produkt
- Mittel gegen Magenbeschwerden
- Mittel gegen Darmbeschwerden = sowohl zur Senkung als auch zur Förderung der Darmmotorik
- Mittel gegen Kopfschmerzen
- Pflaster, Verbandszeug und Kompressen in verschiedenen Größen
- Desinfektionsmittel, Oropax

Impfungen:

Beachten Sie die aktuellen Informationen des Reiseveranstalters, des Hausarztes oder der Tropeninstitute.

Geld:

Erkundigen Sie sich nach der Bordwährung. Wir haben die Erfahrung gemacht, dass US-Dollar in vielen Häfen als Zahlungsmittel akzeptiert wurden oder deren Tausch möglich war. Es ist hilfreich, über kleine Geldscheine zu verfügen. Kreditkarten werden nicht überall akzeptiert.

Weitere ausführliche Tipps finden Sie unter www.zylmann.de, „Bordbrief“

Glossar

***Adclantado**:* spanisches Adelsprädikat

***anchor**:* Anker

***anchorage**:* Ankerplatz

***Backbord**:* links

***Barge**:* Schute = siehe dort

***Beaufort**:* Skala für Windstärken

***Bilge**:* tiefster Punkt im Schiff, Kielraum

***Bosun**:* englisch für Bootsmann = Vorarbeiter der Deckbesatzung

***BRT**:* Bruttoregistertonne, Raummaß für Schiffe, 1 RT = 2,8316 cbm

***Bug**:* vorderer Teil des Schiffes

***Chief Engineer**:* Chefmechaniker, erster Maschinist

***Chief mate** oder*

***Chief officer**:* erster Navigations-Offizier

***Deck**:* die Stockwerke eines Schiffes werden als Decks bezeichnet. Auch der Boden auf dem man läuft, wird bei einem Schiff mit Deck bezeichnet

***Electrician**:* Elektriker

***Equipment**:* Ausrüstung

***Fitter**:* Monteur, Schlosser

***Frankie**:* philippinischer Chefkoch

***full speed ahead**:* Volle Kraft voraus

***Gate**:* Tor vom Freihafen

***GPS**: Global Positioning System, elektronisches Navigationsgerät*

***Great Circle**:* Großkreis = der auf der runden Erdkugel kürzeste Weg zwischen zwei Orten. Durch die besondere Projektion der Seekarte (Mercatorprojektion) wirkt diese Linie (Kurslinie) in der Seekarte gekrümmt und muss zur genauen Darstellung in der Seekarte errechnet werden

***Hilfsdiesel**:* zusätzliche Maschine zum Erzeugen von Strom oder Betreiben von Pumpen

James: philippinischer Obersteward

***Kajüte**:* Aufenthaltsraum

***Kimm**:* nautisch für Horizont

***Knoten**:* Geschwindigkeitsmaß, 1 Kn = 1 Seemeile = 1,852 km. 15 Knoten = 27,78 km/h

***Kopra**:* das zerschnittene und getrocknete Fleisch der Kokosnuß

***Krängung**:* Seitwärtsneigung des Schiffes

***laschen**:* befestigen

***Line handling**:* Festmacher

***Lobby**:* Empfangsraum

***löschen**:* nicht nur ein Brand kann gelöscht werden, sondern das Ausladen von Ladung wird als Ladung löschen bezeichnet

***lowern**:* absenken

***main deck**:* siehe Promenadendeck

***Marco**:* philippinischer Chefkoch

***monkey deck**:* siehe Peildeck

***Mooring**:* Ankerboje

***Nock**:* Freiluftplatz neben der Kommandobrücke

***Oiler**:* Maschinenmechaniker

***Peildeck**:* höchstes Deck an Bord

***Pilot**:* Lotse

***piston**:* Kolben

***Poller**:* Pfosten zum Befestigen der Taue

***Port Captain**:* Hafenkapitän

***Promenadendeck**:* Hauptdeck

***push**:* schieben, drängen

***Rescue exercise**:* Rettungsübung

Ron: philippinischer Steward

***Säbel-Jacek**:* polnischer Seemann

***Schäkel**:* Kettengliedartiger Bügel, der mit einem Schraub- oder Steckbolzen verschlossen wird und z.B. zum Zusammenfügen zweier Ketten oder Seile dient

***Schute**:* pontonförmiges oder offenes großes Boot zum Aufnehmen von Ladung. Meistens ohne eigenen Antrieb

***Slop chest**:* Bordladen

***Steuerbord**:* rechts

***Tampen**:* seemännisch Tauwerk-/Seilende, wird im Sprachgebrauch aber auch zur Bezeichnung eines gesamten Seils (als Tauwerk) benutzt

***Trosse**:* starkes Tau

***Verladebrücken**:* Hubfahrzeuge zum Bewegen der Container

***Winsch**:* Winde zum Heben schwerer Lasten